Kräuterbad & Katerstimmung

Kräuterbad & Katerstimmung

Sonderausgabe für
Planet Medien AG, CH-Zug
Autor: Harald Dienstmann
Illustrationen: Wiebke Vormstein
Einbandgestaltung: Rincón Partners Kommunikationsdesign
Gesamtherstellung: Planet Medien AG

Verehrte Leserinnen und Leser,

die Natur hält mit ihren Kräutern, Obst- und Gemüsearten, mit Sonne, Luft und Wasser viele Heilmöglichkeiten und Behandlungstherapien für uns bereit. Die Naturheilkunde, eine ideale Ergänzung der modernen Schulmedizin, wartet mit vielfältigen Möglichkeiten auf, man muß sie nur kennen und anzuwenden verstehen.
Hier hilft dieses Büchlein weiter. Professor Hademar Bankhofer, der bekannte Autor erfolgreicher Gesundheitsbücher und Moderator einer Reihe von beliebten Gesundheitssendungen im Österreichischen und Deutschen Fernsehen, hat hier die besten Gesundheitstips und Hausrezepte zusammengetragen.
Dieses Buch soll Ihnen ein praktischer und hilfreicher Ratgeber sein, doch kann es nur mögliche Problemlösungen vorschlagen. Autor und Verlag können deshalb keinen absoluten Erfolg garantieren. Grundsätzlich sollte daher bei allen ernsthafteren gesundheitlichen Problemen ein Arzt informiert und zugezogen werden.

Viel Vergnügen beim Lesen und vor allem gute Gesundheit!

Inhalt

Die Natur bringt die beste Medizin

Eigentlich ist es ganz selbstverständlich: Die Naturheilbehandlung umfaßt den ganzen Körper. Sie leitet einen grundlegenden, allgemeinen Selbstheilungsprozeß ein, bis der gesamte Organismus wieder im Gleichgewicht ist. Daher sind Therapien mit den gesundheitsfördernden Wirkstoffen von Obst, Gemüse und Kräutern heute wichtiger denn je. Das bestätigen mehr und mehr Ärzte. Das wissen auch die Krankenkassen, die schon aus wirtschaftlichen Gründen unter dem gefährlichen Unfug der grenzenlosen und gedankenlosen Pillenschluckerei stöhnen. Und das sind die Vorteile der Naturapotheke:

- Jeder kann sich damit selbst erfolgreich behandeln.
- Jeder kann damit im täglichen Leben so viel für sich tun, daß er Krankheiten verhindert und lindert.
- Naturheilrezepte sind für jedermann leicht und einfach anzuwenden.
- Die Kräfte der Natur stehen Tag und Nacht zur Verfügung.
- Die Einfachheit und Originalität der Anwendung verblüfft mitunter und läßt fast an ein Wunder glauben.

Gesundheit aus dem Gemüsegarten

Jeder, der sich auch nur ein wenig mit gesunder Ernährung befaßt, weiß, daß Gemüse ganz wesentlich für den Organismus ist. Es darf in unserer Ernährung nicht fehlen. Internationale Fachleute betonen, daß zwei Drittel unserer Nahrung aus Gemüse bestehen sollten. Gemüse ist für uns so unerhört wichtig, weil es:

- uns mit nötigen Vitaminen versorgt,
- uns mit Mineralien und Spurenelementen beliefert,
- den Basenhaushalt unseres Körpers stärkt,
- die nötigen Ballaststoffe für eine reibungslose Verdauung enthält.

Doch intensive Forschungen, mit denen sich besonders der österreichische Arzt Dr. Ulf Böhmig beschäftigt hat, beweisen, daß man Gemüse nicht nur zur allgemeinen Gesunderhaltung, sondern auch ganz gezielt zur Bekämpfung bestimmter Krankheiten und Leiden einsetzen kann. Gemüse kann, wenn man entsprechend informiert ist, zur wirksamen und praktischen Therapie zu Hause werden. Daher sollen im folgenden die wichtigsten Gemüsesorten und ihre medizinische Wirkung auf den menschlichen Organismus aufgeführt werden.

Artischocke

Die Artischocke ist ein besonders wertvolles Gemüse. Es hilft die Blutfette zu senken, kräftigt die Galle und baut die Leber enorm auf. Doch die Artischocke entgiftet die Leber nicht nur, sondern kann auch den Zellwiederaufbau fördern.

*

Aubergine

Auberginen hemmen Entzündungen, stillen Husten, fördern die Verdauung.

*

Blumenkohl

Blumenkohl wirkt harntreibend, bekämpft – vor allem in Form von Saft – Zwölffingerdarmgeschwüre und Erkältungserscheinungen.

*

Bohne

Grüne Bohnen senken den erhöhten Blutzuckerspiegel. Sie heilen zwar keine Diabetes, bilden aber eine sinnvolle Unterstützung.

Vorsicht: Rohe Bohnen enthalten Giftstoffe, die nur beim Kochen oder Dünsten verschwinden.

*

Chicorée

Chicorée regeneriert Hautschäden, schützt vor Nachtblindheit und fördert bei jungen Leuten das Wachstum. Genau die gleichen Wirkungen schreibt man auch dem Chinakohl zu.

*

Endiviensalat

Endiviensalat unterstützt die Arbeit der Leber, beruhigt die Nerven, fördert die Verdauung und wirkt harntreibend.

*

Fenchel

Fenchel befreit von gestauten Blähungen, fördert die Verdauung, reguliert den Hormonhaushalt und belebt den gesamten Organismus.

*

Gurke

Gurken entschlacken hervorragend und wirken nicht nur hautregenerierend, sondern auch harntreibend.

*

Kartoffel

Die Kartoffel entschlackt, wirkt harntreibend, unterstützt den Kampf gegen Nierensteine, löst Krämpfe. Ebenfalls schützt sie die Schleimhäute.

*

Kopfsalat

Grüner Kopfsalat spendet Vitalität und beruhigt die Nerven. Allerdings nur, wenn es sich nachweislich um Salat aus biologischem Anbau handelt.

*

Kürbis

Kürbis entschlackt und bekämpft Entzündungen. Er dient auch zur Regenerierung der Haut.

*

Lauch

Lauch mit seinem geheimnisvollen Lauchöl fördert Aufbau und Regenerierung der Galle, regt die Verdauungsdrüsen an, bekämpft gefährliche Bakterien im Darmtrakt.

*

Möhre

Möhren bekämpfen den Wurmbefall im Darm, Blutarmut, Durchfall, Bronchitis, Nachtblindheit und Wachstumsstörungen. Möhren verbessern aber auch Problemhaut.

*

Paprika

Roher grüner Paprika beugt Erkältungen vor, fördert das Wachstum und wirkt appetitanregend.

*

Rote Bete

Rote Bete bekämpft Erkältungskrankheiten und fördert den Aufbau der Leber. Sie hemmt Bronchitis und hilft bei Blutarmut.

*

Rotkohl

Rotkohl wirkt ebenfalls vorbeugend gegen Erkältungskrankheiten.

*

Sauerkraut

Sauerkraut wirkt verjüngend, bekämpft Erkältungen, stärkt die Magen- und Darmtätigkeit, entgiftet den Darm, erleichtert Rheumabeschwerden.

*

Schwarzwurzel

Schwarzwurzel entschlackt, ist harntreibend, regt die Gehirntätigkeit an und wirkt daher konzentrationsstärkend. Außerdem regt sie auch die Tätigkeit der Niere an und beseitigt Ermüdungserscheinungen.

*

Sellerie

Sellerie ist ein sehr nützliches und vielseitiges Gemüse. Es stärkt die männliche Potenz, reinigt das Blut, fördert die Verdauung, entschlackt, beruhigt die Nerven und gibt allgemein neue Lebenskraft.

Spargel

Spargel wirkt harntreibend, vitalitätsfördernd und entschlackend.

*

Spinat

Spinat fördert das Wachstum, bekämpft Blutarmut, stärkt vor allem ältere Menschen und regt die Bauchspeicheldrüse an.

*

Tomate

Tomaten wirken harntreibend, verdauungsfördernd und desinfizierend.

*

Weißkraut

Weißkraut hilft gegen Blutarmut. Man kann damit auch die gesamte Verdauung stärken und gegen Zahnfleischbluten angehen.

*

Zucchini

Zucchini entschlacken und fördern den Harnfluß.

Zwiebel

Zwiebel fördert die Verdauung, entkrampft den Organismus, ist gut für die Haut, desinfiziert, senkt zu hohen Blutzucker und belebt. Sie senkt auch zu hohen Blutdruck und wirkt gegen Arterienverkalkung.

Grundsätzlich muß gesagt werden, daß Gemüse, das man im Haushalt auch zu gewissen Heilzwecken konsumiert, aus biologischem Anbau stammen sollte, damit keine landwirtschaftlichen Gifte im Körper Schaden anrichten können. Außerdem wirkt Gemüse in therapeutischer Hinsicht selbstverständlich intensiver, wenn es als Rohkost verzehrt wird. Diese Regel gilt allerdings nicht für Kartoffeln, die dem Organismus roh nicht bekommen, für Bohnen, die in rohem Zustand sogar Giftstoffe enthalten, Kohl, der selbst bei langem Erhitzen seinen enormen Vitamin-C-Gehalt aufgrund geheimnisvoller chemischer Verbindungen behält, sowie Spinat, Schwarzwurzeln und Spargel, die gedünstet einfach besser schmecken und auch besser verdaulich sind. Ferner sollten Sie beachten, daß Gemüse, sobald es erhitzt ist, einen Großteil seiner Vitamine, Spurenelemente und Mineralien verliert. Je schonungsvoller man Gemüse zubereitet – am besten ist dämpfen – desto mehr Vitalstoffe kann man erhalten. Konserviertes Gemüse hat die wenigsten Inhaltsstoffe. Es ist daher für eine Gemüsetherapie nicht geeignet.

Gesundheit aus dem Obstkorb

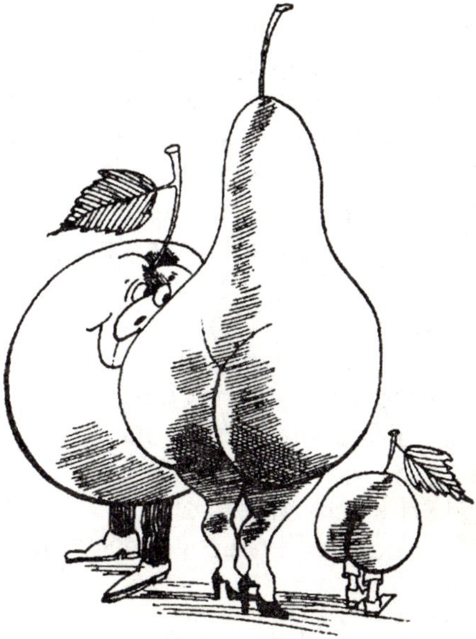

Bei den Früchten aus dem Garten, vom Obstladen oder vom Markt gilt dasselbe wie für das Gemüse. Wir wissen alle grundsätzlich, daß Obst für unsere Ernährung wichtig und gesund ist. Doch nur wenige von uns kennen die spezielle gesundheitliche Wirkung der einzelnen Obstsorten. An sich sollte man darüber im Detail Bescheid wissen, weil man vor allem kleine Unpäßlichkeiten und Alltagsschmerzen schnell mit Obst aus der Welt schaffen und die ärztliche Therapie bei bedeutenderen Krankheiten sinnvoll unterstützen kann. Im folgenden sollen daher die wichtigsten Obstarten mit ihren medizinischen und gesundheitsfördernden Wirkstoffen aufgeführt werden.

Ananas

Die frische Ananas fördert die Eiweißverdauung, behebt den Mangel an Magensäure, vermittelt ein jüngeres Aussehen, hilft bei Schwächezuständen, bei zu niedrigem Blutdruck und bei Schwindelanfällen.

*

Apfel

Der Apfel enthält sehr viele Vitamine, Spurenelemente und Mineralien und stärkt daher die gesamte Widerstandskraft. Ideal sind Äpfel für Zahnfleischdurchblutung und Konzentration. Geriebene Äpfel ißt man gegen Blutarmut, Rheumatismus, bei Steinerkrankungen, Nervosität und Magenverstimmung.

*

Aprikose

Aprikosen (Marillen) regulieren die Verdauung, bekämpfen Hautunreinheiten, wirken gegen Schwäche, Heiserkeit und schwache Stimmlage.

*

Avocados

Avocados (Alligatorbirnen) setzt man gegen Haarausfall und Hautkrankheiten ein. Sie regen die Liebeslust an und bauen Aggressionen ab. Außerdem kann man sie zur Vorbeugung gegen Darminfektionen essen.

*

Banane

Bananen ißt man bei Magen- und Nierenerkrankungen. Sie wirken gegen Gicht, bauen unterernährte Kinder auf und geben älteren Menschen Kraft. Außerdem regen sie die Sexualität an und beruhigen die Nerven.

*

Birne

Birnen sind mit ihrem reichen Phosphorgehalt eine Nahrung für das Gehirn. Sie schärfen Konzentration, bekämpfen Bluthochdruck und helfen bei Wechselbeschwerden.

*

Brombeere

Brombeeren bekämpfen körperfeindliche Bakterien.

*

Erdbeere

Erdbeeren setzt man ein gegen Gicht, Nierensteine, Lebererkrankungen, Blasenbeschwerden, Rheuma und Blutarmut.

*

Feige

Feigen sind ein hervorragendes Abführmittel. Man weicht sie abends in Wasser ein und ißt sie morgens. Sie wirken auch gegen Hämorrhoiden, bei Leber- und Gallenproblemen.

*

Grapefruit

Grapefruits entschlacken und regulieren die Verdauung.

*

Heidelbeere

Heidelbeeren kräftigen die Darmschleimhaut nach Magen- und Darmkrankheiten und helfen bei rheumatischen Erkrankungen.

*

Himbeere

Himbeeren lösen Krämpfe bei Gallenleiden und fördern die Verdauung.

*

Holunderbeere

Holunderbeeren, die man nur gekocht essen darf, helfen bei Rheuma, Gicht, Bronchitis und Grippe. Sie bauen den Organismus nach einer Krankheit bestens auf.

*

Johannisbeere

Johannisbeeren binden Giftstoffe im Darm und wirken ebenfalls gegen Gichtbeschwerden. Johannisbeermarmelade ist gut gegen Verstopfung.

*

Kaki

Die Kaki-Frucht wird von vielen Ärzten bei Leber- und Nierenleiden verschrieben.

*

Kirsche

Kirschen sind ideal gegen Gicht und Verstopfung. Man muß sie aber gut waschen, weil an der Haut Hefebazillen haften, die starke Blähungen hervorrufen können.

*

Kiwi

Kiwis sind verdauungsfördernd.

*

Mandarine

Mandarinen haben große Bedeutung als Vitamin-C-Lieferanten und Ballaststoffspender. Außerdem bauen sie die Widerstandskraft auf.

*

Maulbeere

Maulbeeren wirken antibakteriell und bekämpfen daher Darminfektionen.

*

Nuß

Nüsse erhalten uns geistig jung und sind Medizin für strapazierte Nerven.

*

Olive

Oliven unterstützen die Entgiftungsarbeit der Leber im Körper und wirken gegen Gicht und Diabetes.

*

Pflaume

Pflaumen (Zwetschgen) fördern die Verdauung, wirken bei Leber- und Nierenproblemen, bei Gicht, Rheuma und Arterienverkalkung.

*

Pfirsich

Pfirsiche gelten als verdauungsfördernd, lebenverlängernd, kräftigend. Sie lindern Rheumabeschwerden, Muskelerkrankungen und helfen bei Schwächezuständen.

*

Preiselbeere

Auch Preiselbeeren lindern Gicht- und Rheumaprobleme.

*

Quitte

Quitten – meist in Form von Gelee verzehrt – sind ein gutes Durchfallmittel.

*

Rosine

Rosinen wirken gegen Verstopfung, gegen Bluthochdruck und gegen Gicht.

*

Stachelbeere

Stachelbeeren bekämpfen ideal Verstopfung.

*

Weintraube

Weintrauben geben dem Körper Spannkraft, regen die Nierentätigkeit an, bringen die Leber in Schwung, sind ausgezeichnet für Haut, Kreislauf und allgemeine Entschlackung und heben obendrein die Lebensgeister.

*

Zitrone

Zitronen wirken gegen Rheuma und Gicht, gegen Krampfadern, Venenentzündungen und auch gegen Hämorrhoiden.

Bei der Obst-Therapie steht eines außer Zweifel: Gesundheitliche Wirkung hat in erster Linie ausschließlich roh genossenes Obst, und zwar aus biologischem Anbau. Da heutzutage allerdings rund ums Jahr frisches Obst zur Verfügung steht, ist daher auf keinen Fall anzuraten, schlechtere Alternativen im Genuß von tiefgekühltem, gekochtem oder konserviertem Obst zu suchen.

Gesundheit aus der Teekanne

Eine Hochblüte der Pflanzenheilkunde war im Mittelalter dank der medizinischen Arbeit vieler Mönche zu verzeichnen. Damals wurde der eigentliche Grundstein für unsere heutige Kräuterbehandlung geschaffen. Allerdings hat sich seither vieles geändert:

- Nur ganz wenige von uns haben die Zeit und die Möglichkeit, selbst in die Natur hinauszugehen und wilde Kräuter für den Eigenbedarf zu suchen, zu trocknen und dann zur Verwertung aufzubewahren.
- Nur wenige haben in ihrem Garten einen umfangreichen Heilkräuteranbau, wie das in früheren Zeiten üblich war.
- Heute ist die Pflanzenheilkunde auf einen qualitativ hochstehenden und wohlfunktionierenden Kräuterhandel in Apotheken, Drogerien und Reformläden angewiesen.

Aber auch für die Zubereitung haben sich gewisse Dinge verändert. Man muß heute die Anweisungen auf den Kräuterpackungen genau befolgen und darf keine Anleitungen aus alten Büchern verwenden. Elektro- und Gasherde in modernen Küchen beispielsweise liefern mehr Hitzeintensität,

so daß die Zeiten von Kräuterabkochungen viel kürzer geworden sind.
Lassen Sie sich daher beim Kauf von Kräutern für Tees und Bäder in den Apotheken und Drogerien gewissenhaft informieren. Und das sind die wichtigsten Kräutertees und ihre gesundheitsfördernde Wirkung auf den Organismus:

Anistee

Anistee ist sehr wirksam gegen Blähungen, Übergewicht, Krampfadern, Magenbeschwerden, Verdauungsstörungen, Verstopfung und Durchblutungsstörungen.

*

Augentrosttee

Augentrosttee lindert Augenbeschwerden, Verdauungsstörungen und Blutarmut.

*

Baldrianwurzeltee

Baldrianwurzeltee ist ein ideales Beruhigungsmittel, wirkt wunderbar gegen Schlafstörungen und Herzbeschwerden.

Basilikumtee

Basilikumtee ist ein gutes Mittel gegen Anämie, Arthritis, Übergewicht, Blähungen, Niederblutdruck, Magenbeschwerden, Verstopfung und Krampfadern.

*

Beinwelltee

Beinwelltee wirkt gegen Knochenerkrankungen, Hämorrhoiden, Blutergüsse und Nervenverletzungen.

*

Bohnenkrauttee

Bohnenkrauttee wirkt gegen Depressionen, Grippe, Impotenz und Krämpfe im Bereich des Unterleibs.

*

Brennesseltee

Brennesseltee unterstützt die Entschlackung und Ausscheidung von Giften, wirkt blutreinigend sowie gegen Rheumabeschwerden und Ödeme.

*

Brombeertee

Brombeertee wirkt gegen Magen- und Darmkatarrh sowie wohltuend für die Atemorgane.

*

Eisenkrauttee

Eisenkrauttee setzt man gegen Akne, Allergien, Gicht, Nervosität, Verstopfung und Durchblutungsstörungen ein. Er hilft aber auch hervorragend bei starken Menstruationsbeschwerden.

*

Erdbeerblättertee

Erdbeerblättertee wirkt gegen Arthrosen, Blasenentzündung, Rheuma, Gicht, Leber- und Prostatabeschwerden.

*

Fencheltee

Fencheltee trinkt man gegen Durchfall, Verdauungsstörungen und Blähungen sowie gegen schlechte Laune.

*

Hagebuttentee

Hagebuttentee versorgt den Organismus mit Vitamin C und hilft gegen Infektionskrankheiten, hauptsächlich Erkältungen. Ideal auch zum Durchspülen der Nieren.

*

Heidekrauttee

Heidekrauttee ist ideal gegen Harnwegeerkrankungen, Steinleiden, Gallenerkrankungen, Gicht, Rheuma und sogar gegen Übergewicht.

*

Johanniskrauttee

Johanniskrauttee wirkt gegen nervöse Erschöpfung, Wechselbeschwerden, Ruhelosigkeit und Abgespanntheit, gegen Reizungen und Schwellungen.

*

Kamillentee

Kamillentee ist ideal gegen Magen- und Darmbeschwerden aller Art, bei Entzündungen des Rachenraums, zur Inhalation der Luftwege während einer Erkältung, gegen unreine Haut und Schuppenbildung am Kopf.

*

Lavendeltee

Lavendeltee wird gegen Abszesse, Allergien, Angina, Bronchitis, Durchfall, Grippe, Gürtelrose, Bluthochdruck und Nebenhöhlenerkrankungen getrunken.

*

Lindenblütentee

Lindenblüten werden als Tee gegen Erkältungen, Grippeinfekte, krampfartige Leibschmerzen und zur Unterstützung des Schwitzens eingesetzt.

*

Lorbeertee

Lorbeertee ist ein bekanntes Mittel gegen Asthma und Rheumabeschwerden.

*

Löwenzahnwurzeltee

Löwenzahnwurzeltee regt Galle, Leber und Nieren an, baut neue Magensäure auf und bekämpft chronische Rheumabeschwerden.

*

Majorantee

Majorantee bekämpft Arterienverkalkung und Gedächtnisschwäche.

*

Melissentee

Melissentee wirkt gegen Blähungen, Übergewicht, Krämpfe, Schlaflosigkeit und Magenbeschwerden.

*

Pfefferminztee

Pfefferminztee hilft bei Krämpfen und Schmerzen im Magen- und Darmbereich, bei Übelkeit und Durchfall, zur Anregung der Galle.

*

Quendeltee

Quendeltee ist ein gutes Hausmittel gegen Akne, Arthritis, zu niedrigen Blutdruck, Müdigkeit, Durchblutungsstörungen, Ekzeme und Rheumabeschwerden.

*

Rosmarintee

Rosmarintee trinkt man gegen Angina, Bronchitis, Impotenz, Krämpfe, Müdigkeit, Menstruationsbeschwerden und Verdauungsstörungen.

*

Salbeitee

Salbeitee hilft gegen Angina, Blähungen, Blasenentzündungen, Gicht, Gallenbeschwerden, Magengeschwüre, Krampfadern, Wechselbeschwerden.

*

Schafgarbentee

Schafgarbentee wirkt gegen Magen- und Darmstörungen, Blähungen, Akne,

Krampfadern, Schlaflosigkeit, Durchblutungsstörungen, Menstruationsbeschwerden und Appetitlosigkeit.

*

Tausendgüldenkrauttee

Tausendgüldenkrauttee stärkt den gesamten Verdauungstrakt nach Eßsünden und entgiftet den Organismus von Umweltschadstoffen.

*

Thymiantee

Thymiantee ist ideal gegen Asthma, Blähungen, Bronchitis, Grippe, Impotenz, Prostataprobleme, Verdauungsstörungen, Verstopfung.

*

Wacholderbeerentee

Wacholderbeerentee trinkt man gegen Rheuma, Wechselbeschwerden, Angina, Arterienverkalkung und Asthma.

*

Zinnkrauttee

Zinnkrauttee – auch Schachtelhalmtee genannt – wirkt gegen Blutunreinheiten, Stauungen, Bindegewebsschwäche sowie zur Harnvermehrung.

Und so werden Kräutertees zubereitet, damit sie optimal wirken können:

- Beim Aufguß gibt man 1 bis 2 gehäufte Teelöffel vom Kraut in eine Tasse, gießt kochendes Wasser darüber, läßt 5 bis 10 Minuten zugedeckt ziehen und seiht dann ab.
- Beim Absud werden 1 bis 2 Eßlöffel der Kräuter mit einem halben Liter kaltem Wasser auf die Herdplatte gestellt und zum Kochen gebracht. Zuerst 1 bis 2 Minuten kochen, dann 10 Minuten ziehen lassen.
- Beim Auszug werden 1 bis 2 Eßlöffel Kräuter mit einem halben Liter Wasser eine Stunde kalt angesetzt. Dann aufkochen lassen, 15 Minuten ganz leicht köcheln und 10 Minuten zugedeckt ziehen lassen.

- Es gibt aber auch kalte Auszüge. Hierzu werden die Kräuter oder Wurzeln in kaltem Wasser angesetzt und nach der angegebenen Zeit kalt getrunken.

Als Faustregel gilt: Blüten und feine Blätter der Kräuter werden als Aufguß zubereitet, feste Blüten und festere Blätter als Absud.

Merken Sie sich bitte: Am besten wirken Kräutertees, wenn das getrocknete Kraut nicht älter als ein Jahr ist. Sind sie älter, verlieren sie ihre Heilwirkung. Man muß pro Tag mindestens 2 bis 3 Tassen trinken, wenn es nicht anders vorgeschrieben ist. Der Kräutertee sollte langsam und schluckweise, am besten ungesüßt oder nur mit ganz wenig Honig versehen, getrunken werden. Am besten wirken alle Kräutertees, wenn Sie sie am Morgen auf nüchternen Magen trinken.

Gesundheit aus der Badewanne

Wasser – in richtigem Maße angewandt – ist für den Menschen Medizin. Wenn man diesem Wasser aber ganz bestimmte Stoffe beigibt, dann kann man damit die heilende und lindernde Wirkung erheblich verbessern und ein Bad zum doppelten Genuß machen. Man muß nur wissen, bei welcher Gelegenheit und mit welchem Ziel man bei der Wasserbehandlung welchen Badezusatz verwendet.

Der wohl älteste Badezusatz sind Kräuter. Schon in der Antike kannte man sie. Suchen Sie sich aus dem reichen Angebot der Natur jene für Ihr Bad aus, die Ihnen am angenehmsten sind und bei denen Sie eine deutliche Besserung Ihres Allgemeinbefindens verspüren.

Probieren Sie einfach in einem längeren Zeitabstand alle angegebenen Kräuter durch. Und Sie werden dann wissen, für welche "Stammkräuter" Sie sich entscheiden.

Übrigens: Wer nicht die Zeit hat, sich seine Badekräuter selbst zuzubereiten, der kann in der Apotheke oder Drogerie von fast allen genannten Badezusätzen fertige Kräuterextrakte in Flaschen kaufen und muß dann nur eine vorgeschriebene Portion von der Flüssigkeit ins Badewasser geben.

Angelikabad

Angelika – auch Engelwurz genannt – lindert Krämpfe, Koliken, Rheuma und Rückenschmerzen, beruhigt aber auch den Magen von außen her.

*

Beinwellbad

Beinwell in der Badewanne wirkt gegen entzündete Haut und vor allem gegen Sonnenbrand.

*

Baldrianbad

Im Baldrianbad werden Nerven, Magen, Blähungen, Schlaflosigkeit und Unterleibskrämpfe behandelt.

*

Brennesselbad

Brennesseltee im Wannenbad erfrischt und fördert die Durchblutung.

*

Brombeerbad

Ein Brombeerbad macht die Haut glatt und porenrein.

*

Eichenrindenbad

Ein Eichenrindenbad nimmt man für Magen und Darm, für die bessere Funktion der Atemwege, gegen Drüsenschwellungen und Frostbeulen.

*

Eukalyptusölbad

Eukalyptusöl im Badewasser bekämpft Erkältungen, Atemstörungen und schlechte Durchblutung.

*

Fichtennadelbad

Fichtennadelbäder wirken gegen Unruhe und schwache Nerven. Außerdem beleben sie den gesamten Organismus.

*

Haferstrohbad

Haferstrohbäder nimmt man gegen Hühneraugen und Hautunreinheiten.

*

Heidekrautbad

Heidekrautbäder hemmen Hautbakterien, lindern Entzündungen und fördern den Harnfluß.

*

Heublumenbad

Heublumenbäder helfen gegen rheumatische Beschwerden, gegen Schwellungen und Gelenkschmerzen, Koliken, Krämpfe und Stoffwechselbeschwerden.

*

Johanniskrautbad

Ein Johanniskrautbad wirkt bei Wechselbeschwerden, Kopfschmerzen, Gicht und Nervosität.

*

Kamillenbad

Kamillenbäder beruhigen, stillen Krämpfe, fördern die Durchblutung und werden gegen Erkältungen, Rheuma und Magenkrämpfe eingesetzt.

*

Kiefernnadelbad

Kiefernnadelextrakt im Badewasser stärkt den Organismus und fördert die Atmung.

*

Lavendelbad

Lavendelbäder stärken das Herz, fördern den Kreislauf und stärken die Nerven, garantieren guten Schlaf und beruhigen.

*

Lindenblütenbad

Lindenblütenbäder genießt man zur allgemeinen Beruhigung des Organismus. Sie bekämpfen Schlafstörungen und Erkältungskrankheiten.

*

Melissenbad

Ein Melissenbad entspannt, löst Krämpfe, wirkt gegen Streß und Rheuma.

*

Pfefferminzbad

Ein Pfefferminzbad erfrischt im Sommer.

*

Rosmarinbad

Rosmarinbäder bekämpfen Erkältungen, Rheuma, Durchblutungsstörungen, Menstruationsbeschwerden und Blähungen.

*

Salbeibad

Salbeibäder wirken gegen Erkältungskrankheiten und beruhigen Magen sowie Nerven.

*

Schafgarbenbad

Ein Schafgarbenbad beruhigt den Magen und bekämpft Hautentzündungen.

*

Schlüsselblumenbad

Ein Schlüsselblumenbad wirkt schweißtreibend und hilft bei Grippe und Brustkatarrh.

*

Zinnkrautbad

Zinnkrautbäder helfen gegen Gicht, Rheuma und Verdauungsbeschwerden.

Und so werden die Kräuter vorbereitet:
Man nimmt – wenn nicht anders auf der Kräuterpackung vorgeschrieben – etwa eine Handvoll von den Kräutern, mitunter auch zwei Handvoll und bereitet daraus zwei Liter Tee zu. Nach dem Durchseihen gießt man den gesamten Tee in die gefüllte Badewanne, deren Waser 37 bis 39 Grad Celsius haben sollte.
Man badet etwa 20 Minuten in einem Kräuterbad und legt sich dann für mindestens eine halbe Stunde zur Erholung ins Bett.

Die Heilkraft des Wassers kann man aber nicht nur durch entsprechende Kräuter verstärken. Es gibt weitere Badezusätze, die das Wasser für uns ebenfalls nützlich und heilsam machen. Sie werden wie die Kräuterbäder zubereitet, sofern nichts anderes angegeben ist.

Algenbad

Algen aus dem Meer sind reich an Vitamin B und C und geben wertvolle Aminosäuren ab. Ein Algenbad belebt und baut Fettpölsterchen am Körper ab.

*

Aprikosenbad

Aprikosen sind reich an Vitamin A. Ein Bad erfrischt die Haut und fördert die allgemeine Durchblutung (1 Liter Saft auf eine Wanne).

*

Bienenhonigbad

Bienenhonig – 1 Tasse in erwärmter Milch verrührt – im Badewasser wirkt verschönernd auf die Haut, beruhigt die Hautnerven, bekämpft Schlaflosigkeit, Rheumatismus und Halsentzündungen.

Buttermilchbad

Frische Buttermilch (3 Liter auf eine Wanne – höchstens 35 Grad Celsius) wirkt schonend und entzündungshemmend auf die Haut, gegen Nervosität, Stoffwechselstörungen und Schlaflosigkeit.

*

Birkenrindenbad

Birkenrinde fördert die Arbeit der Nieren und die Atmung der Haut.

*

Birkenblätterbad

Birkenblätter wirken hautdesinfizierend, bekämpfen fette und unreine Haut und führen ihr zusätzlich Vitamin C zu.

*

Erlenbad

Erlenblätter werden zur Pflege von fettiger und unreiner Haut mit Erfolg im Wasser eingesetzt.

*

Essigbad

Natürlicher Apfel- oder Obstessig wirkt gegen Nervosität, rheumatische Beschwerden und zur Abhärtung (1/2 Liter auf eine Wanne).

*

Fangobad

Fango in der Wanne eignet sich ideal zur Bekämpfung von Entzündungen, Rheumabeschwerden und Stoffwechselstörungen (Packungsanweisung genau befolgen!).

*

Lehmbad

Lehmbäder wirken gegen Verstopfung, Hautleiden, Stoffwechselerkrankungen, Durchblutungsstörungen, Erschöpfungszustände, Schlafstörungen, Bandscheibenschäden, Fettsucht, Rheumatismus (Packungsanweisung genau befolgen!).

*

Mehlbad

Vollkornmehl sorgt für eine besonders reine und zarte Haut. 250 Gramm in einen

Nylonstrumpf geben, unter das einlaufende Wasser legen und anschließend fest ausdrücken.

*

Molkebad

Molkepulver in der Wanne hilft gegen Hautallergien und Sonnenbrand (Packungsanweisung befolgen!).

*

Moorbad

Moorbäder lindern Rheuma, Nervenschmerzen, chronische Hautkrankheiten, Hüftbeschwerden und Entzündungen.

*

Sauerkrautbad

Sauerkraut bekämpft rauhe Haut, macht sie geschmeidig und wirkt durchblutungsfördernd.

*

Schwefelbad

Wer unter Veränderungen der Gelenke leidet, etwas für die Wirbelsäule oder gegen seine unreine Haut tun möchte, nimmt ein Schwefelbad (Packungsanweisung befolgen!).

*

Senfbad

Ein Senfbad ist gut gegen Rheumatismus und Grippe, für Atmung und Herz (Brei aus 200 Gramm Senfmehl in lauwarmem Badewasser, nicht mehr als 10 Minuten).

*

Salzbad

Salz im Badewasser (1 Kilo) fördert die Durchblutung, hilft gegen Müdigkeit, Energieverlust, Rheuma, Stoffwechselstörungen und Frauenkrankheiten.

*

Wacholderbad

Wacholder im Badewasser wirkt gegen Gicht und beruhigt den Magen (2 Handvoll Wacholder 10 Minuten in 1 Liter Wasser kochen, durchseihen und ins Badewasser geben).

*

Zitronenbad

Ein Zitronenbad macht die Haut besonders weich und bekämpft Hautentzündungen (6 Zitronen in Scheiben schneiden, 6 Stunden in einem Topf mit Wasser ziehen lassen, abseihen und ins Badewasser geben).

Hausrezepte von Kopf bis Fuß

Sicher haben Sie es auch schon bemerkt: Immer dann, wenn gerade kein Arzt zu erreichen ist, wenn Feiertage oder Ferien sind, wenn wir voller Pläne stecken, stellen sich die lästigen, mehr oder minder schmerzhaften Beschwerden ein. Wenn sich diese Leiden in Grenzen halten, will sich deswegen keiner von uns ins überfüllte Wartezimmer eines Arztes setzen. Das ist auch nicht notwendig, denn es gibt gegen die vielen kleinen lästigen Krankheiten des Alltags so wunderbare, einfache Hausmittel und viele praktische Tips, die einem allerdings nur unter einer ganz bestimmten Bedingung helfen: Man muß sie wissen und anzuwenden verstehen.
In diesem Teil des Buches finden Sie daher von Kopf bis Fuß alles, was Sie brauchen – Rezepte auf Kräuterbasis, aus Großmutters Zeiten, Kneipp-Anwendungen oder ostasiatische Heilmethoden – um den kleinen Gesundheitsproblemen des Alltags ein Schnippchen zu schlagen, sich so gut wie möglich Erleichterung zu verschaffen oder die Zeit bis zum Eintreffen des Arztes besser überbrücken zu können.
Außerdem werden Sie sich mit diesen Tips gesünder und jünger fühlen – Sie werden sehen.

Kamillenbad für's Schiebedach

Die besten Tips für Ihre Haare

Bartflechte

Wenn unter dem Bart die Haut entzündet ist, sich rötet oder sich sogar Eiterpusteln bilden, reiben Sie Bart und Haut mit 3 Teilen Wasser und 1 Teil Apfelessig ein. Abtrocknen und mit Ringelblumensalbe behandeln.

Waschen Sie Haut und Bart alle zwei Stunden mit Zinnkraut- oder Salbeitee, und legen Sie nachts eine Zinnkrauttee-Kompresse an.

Machen Sie vor dem Einschlafen Gesichtsdämpfe aus heißem Zinnkrauttee.

Nehmen Sie so oft wie möglich ein Wannenbad mit Heublumen-Extrakt aus der Apotheke.

Allerdings ist die Bartflechte eine Pilzinfektion, die unter Umständen besser mit einem Medikament vom Arzt behandelt wird.

*

Haarausfall

Es ist normal, daß Haare ausfallen. Bei hormonellen Umstellungen oder nach Krankheiten kann der Haarausfall vorübergehend zunehmen. Bei massiven Formen sollte der Arzt eine Erkrankung ausschließen.

Waschen Sie das Haar mit besonders starkem Kamillentee; also nicht aus dem Teebeutel, sondern aus der Apotheke oder Drogerie.

Vermischen Sie 1 bis 2 Eidotter mit 1 bis 2 Gläschen Spiritus. Mit diesem Gemisch das feuchte Haar einreiben und nach einiger Zeit mit lauwarmem Wasser abspülen – nicht öfter als einmal im Monat.

Reiben Sie die betreffende Stelle mit Medizinalseife ein und lassen sie eine Stunde einwirken. Mit heißem Wasser abspülen und einen Monat lang täglich durchführen.

Bürsten Sie Ihr Haar täglich mit einer sauberen, weichen Bürste gegen den Haarstrich: von hinten nach vorn, von rechts nach links und umgekehrt.

Tägliche Einreibungen mit Birkenhaarwasser, Rosmarinhaarwasser oder Brennesselspiritus.

Morgens und abends eine Kopfmassage mit kaltem Wasser. Danach fest frottieren bis der Kopf wieder richtig warm ist.

Jeden zweiten Tag den Kopf mit einer Brennesselabkochung (eine Handvoll Brennesselblätter in 1 Liter Essig und 1 Liter Wasser 5 Minuten kochen lassen) waschen, frottieren und einige Tropfen Klettenwurzelöl in den Haarboden einreiben.

Möglichst keine Kopfbedeckung tragen.

Innerlich wenden Sie am besten Zinnkrautsaft oder -tee an. Dreimal täglich 1 Tasse.

Trinken Sie jeden Tag schluckweise 1 Tasse schwarze Zuckerrohr-Melasse.

Achten Sie auf regelmäßigen Stuhlgang.

*

Gespaltenes Haar

Waschen Sie den Kopf regelmäßig mit alkalifreier Seife, spülen Sie mit Boraxwasser nach, und reiben Sie den trockenen Haarboden mit Klettenwurzelöl ein.

Gehen Sie zu einem guten Friseur. Er soll Ihnen die Haarspitzen absengen, damit die Hornhautsubstanz des Haares wieder zusammenschmilzt. Das Haar erholt sich innerhalb weniger Wochen.

*

Schütteres Haar

Tragen Sie ein Gemisch aus 1 Eigelb, 1 Teelöffel Rizinusöl, 1 Eßlöffel Franzbranntwein und einigen Tropfen Zitronensaft auf die Kopfhaut auf. 10 Minuten einwirken lassen, mit einer

Flasche Bier ab- und mit lauwarmem Wasser nachspülen.

Setzen Sie Ihr Haar niemals der prallen Sonne aus.

Nehmen Sie jeden Morgen warm-kalte Wechselduschen direkt auf die Haare: 2 Minuten heiß, 10 Sekunden kalt und beliebig oft wiederholen.

Der Verzehr von Möhren, Äpfeln, Spinat, Zwiebeln, Knoblauch, Milch, Joghurt und Käse kräftigt auch Ihr Haar.

*

Sprödes Haar

Waschen Sie Ihr Haar regelmäßig, und zwar je zweimal, mit Lebensbaum- oder Propolisshampoo aus der Apotheke.

Eine Ölkur vor dem Schlafengehen: Reiben Sie Ihr Haar mit einer Mischung aus je 50 Gramm Oliven-, Rizinus- und Mandelöl und 5 Gramm

Rosenöl ein. Geben Sie ein Leinentuch darüber, und waschen Sie die Haare erst am nächsten Morgen mit Kamillentee.

Führen Sie die obige Ölkur 3 Tage hintereinander durch, setzen Sie 4 Wochen aus, und wiederholen Sie die Prozedur.

Geben Sie nach dem Haarewaschen einen Schuß Obstessig ins letzte Spülwasser. Das macht die Haare wieder weich und glänzend.

*

Schuppen

Haben Sie mit den herkömmlichen Schuppenshampoos und -präparaten kein Glück, versuchen Sie es doch mal mit den folgenden wirkungsvollen Hausrezepten:

Shampoo: 50 Gramm Lupinensamen, je 30 Gramm Frauenhaarblätter und Weidenrinde 10 Minuten in 1 Liter Wasser kochen und damit 2 Wochen lang jeden Abend die Haare waschen.

Massageöl: 100 Gramm Brennesselsaft 10 Minuten in 200 Gramm Wasser kochen, 50 Gramm Seifenkrautwurzeln dazu geben und wiederum 10 Minuten kochen, abseihen, anschließend 200 Gramm Rizinusöl einrühren.

Dieses Massageöl einen Monat lang je 5 Abende hintereinander auf die Kopfhaut auftragen. Dann zwei Tage die Haare mit Schwefelseife waschen und wieder von vorne.

Haarwasser: Je 50 Gramm Buchsbaumblätter und Seifenkrautwurzeln und 30 Gramm Klettenwurzeln in 1 Liter Wasser 10 Minuten kochen. Damit jeden Abend über mehrere Monate Haare und Kopfhaut einreiben.

*

Lästige Körperhaare

Handelt es sich nur um wenige unerwünschte Haare, zupft man sie mit der Pinzette einzeln aus.

Setzen Sie keinen Rasierapparat ein.
Er kräftigt die Haare, fördert ihr Wachstum und schadet der Haut.

Reiben Sie die Hautstellen mit einer Mischung aus Oliven- und Leinöl ein, und pinseln Sie geschmolzenes, reines Bienenwachs — nicht zu heiß — 2 bis 4 Millimeter dick darüber. Lassen Sie es erkalten, und legen Sie ein in Essig getauchtes Tuch darüber. Ist das Wachs hart geworden, ruckartig abreißen.

Wer sich das nicht traut, kann sich bei der Kosmetikerin einer sogenannten Elektrolyse-Behandlung unterziehen.

Haare auf Muttermalen und Leberflecken dürfen Sie niemals zupfen, sondern nur abschneiden. Bei übermäßiger Reizung besteht die Gefahr der Zellveränderung.

Frisch enthaarte Körperpartien sollten Sie mit einem beruhigenden und unparfümierten

Pflegepräparat behandeln. Auch Eiswürfel oder kalte Kompressen mit Kräuterzusätzen tragen zur Beruhigung der Haut bei.

Grundsätzlich sollten Sie Ihre Haare abends rasieren, um Ihrer Haut eine Erholungsphase zu gönnen.

Denken Sie auch daran, Deos oder andere alkoholische oder parfümierte Pflegeprodukte erst ein paar Stunden später aufzutragen, sonst brennt die Haut.

Wer Kopfweh hat, fährt Rad im Bett

Die besten Tips für Ihren Kopf

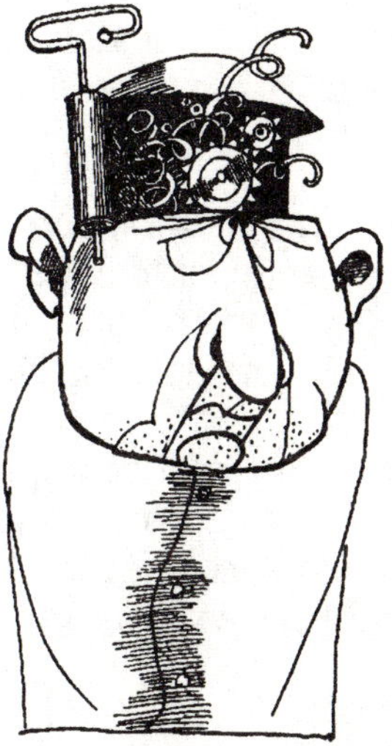

Gehirnerschütterung

Den Patienten flach lagern, warm zudecken und sofort einen Notarzt verständigen. In der Zwischenzeit kalte Stirnkompressen und Wärmflaschen an die Füße.

Als Nachbehandlung daheim: Viel flach und ungestört liegen – weder lesen noch fernsehen.

Obstsäfte und vegetarische Kost sollten bevorzugt werden.

*

Kopfschmerzen

Jeder länger andauernde oder periodisch auftretende Kopfschmerz sollte Sie veranlassen, einen Arzt aufzusuchen.

Bei plötzlich auftretenden Kopfschmerzen sollten Sie eine 1 Tasse Espresso ohne Milch und Zucker, aber mit 2 Eßlöffeln Zitronensaft trinken.

Mehrmals am Tag Hände und Unterarme in kaltes Wasser tauchen. Dies wirkt vor allem bei Kopfschmerzen nach geistiger oder nervlicher Anspannung.

Laufen Sie (im Sommer) einige Minuten durch nasses Gras.

Nehmen Sie ein warmes Fußbad mit anschließendem kalten Knieguß. Auch heiße und kalte Wechselbäder helfen.

Reiben Sie genau an den schmerzenden Stellen Majoran- oder Pfefferminzöl in die Haut.

Stellen Sie sich unter die Dusche, und richten Sie den heißen Wasserstrahl direkt in den Nacken. Wer keine Dusche hat, legt sich heiße Kompressen in den Nacken.

Bei Schläfenschmerzen drücken Sie mit dem Daumen gegen die Innenseite der großen Zehen unmittelbar neben dem Nagelbett.

Bei Schmerzen am Hinterkopf bis zum Nacken drücken Sie gegen die Unterseite der großen Zehen, und zwar dort, wo sie sozusagen aus der Fußsohle "herauswachsen".

Wer schon am Morgen mit Kopfschmerzen aufwacht, sollte gleich im Bett die Kerze machen und dann 3 Minuten lang in der Rückenlage mit den Beinen in der Höhe radfahren.

Wachen Sie morgens regelmäßig mit Kopfschmerzen auf, wechseln Sie die Matratze, oder tauschen Sie Ihr Kopfkissen gegen eine Nackenrolle aus. Die Schmerzen können von einer überlasteten Halswirbelsäule kommen.

Setzen Sie sich im Schneidersitz auf den Fußboden, strecken Sie die Arme nach beiden Seiten waagerecht aus, ballen Sie die Hände zu Fäusten, ziehen Sie sie zu den Schultern heran, und strecken Sie sie aus.

Ein altes Volksheilmittel ist ein Tee aus Baldrianwurzeln, Pfefferminzblättern, Melissenblättern und Lavendelblüten.

Sehr erfolgreich sind Wadenwickel: Je 1 Handtuch in kaltes Wasser tauchen, auswringen, fest um die Waden wickeln und je 2 Handtücher darüber binden.

Befeuchten Sie mit einem Wattebausch, den Sie in Pfefferminzöl getaucht haben, Stirn, Schläfen und Nacken.

*

Migräne

Legen Sie sich in einem abgedunkelten Raum mit geschlossenen Augen flach hin, eventuell kalte Kompressen auf Stirn und Augen.

Es bringt rasche Erleichterung, wenn Sie ein Tuch in ca. 24 Stunden abgestandenes Wasser tauchen, auswringen und sich über die Augen legen.

Dreimal am Tag Kümmel- oder Fencheltee schluckweise trinken.

Besorgen Sie sich Liebstöckelwurzel aus der Apotheke, mahlen oder reiben, eine Messerspitze des Pulvers einnehmen und mit einem Schluck Wasser nachspülen.

Trinken Sie schluckweise 1 bis 2 Tassen ungesüßten Majorantee.

Nehmen Sie ein warmes Fußbad mit dem Absud von Farnkrauttee.

Streichen Sie gleichmäßig, in sitzender Haltung, mit Ihrem Daumen über Stirn und Schläfen. Dann massieren Sie mit allen Fingern die Kopfhaut, und zwar von der Mitte oben zu den Seiten.

Trinken Sie jeden Morgen – nüchtern – ein Likörgläschen Petersiliensaft aus dem Reformhaus.

Ein wirksames Anti-Migräne-Bad: 2 Handvoll Lavendelblüten, 1 Handvoll Melisse mit kochendem Wasser übergießen und 10 Minuten ziehen lassen. Dann in 37 Grad warmes Badewasser abseihen, in dem Sie 20 Minuten ruhig liegen.

Migräne-Kompresse: 2 Eßlöffel Quendel, 1 Eßlöffel Lavendel mit kochendem Wasser übergießen, zudecken und auskühlen lassen. Kompresse eintauchen, ausdrücken und auf die Stirn legen.

*

Hitzschlag und Sonnenstich

Der Betroffene muß sofort in den Schatten gelegt werden. Unverzüglich einen Arzt rufen.

Öffnen Sie dem Patienten alle beengenden Kleidungsstücke.

Übergießen Sie ihn mit Wasser, und bringen Sie dieses durch starkes Fächeln schneller zum Verdunsten.

Geben Sie ihm nichts zu trinken; es besteht Erstickungsgefahr.

Machen Sie ihm kalte Umschläge auf Kopf, Brust und ganzen Körper.

Hat er sich etwas erholt, ist ein kaltes Fußbad nützlich.

*

Ohnmacht

Legen Sie den Ohnmächtigen sofort flach – ohne Kopfstütze! – in Seitenlage auf die Erde.

Reiben Sie seine Schläfen mit Schnaps oder Kölnischwasser ein, und bürsten Sie seine Fußsohlen.

Lassen Sie ihn an einem Fläschchen Senföl, Ammoniak oder Hoffmannstropfen riechen.

Machen Sie heiße Umschläge auf Waden und Unterarme.

Ist er wieder zu sich gekommen, geben Sie ihm warmen Bohnenkaffee, den er langsam und schluckweise trinken muß.

Er soll längere Zeit liegen bleiben und nicht allzuviel angesprochen werden, sonst erfolgt gleich die nächste Ohnmacht.

*

Katerstimmung

Wer einen Kater hat – mit Kopfschmerzen, Müdigkeit, schlechter Laune und Magenstörungen – macht sich einen Tee aus Tausendgüldenkraut, Wermut und Odermennig. Trinken Sie ihn ungesüßt und schluckweise.

Bei Kreislaufbeschwerden hilft ein Tee aus Melisse und Rosmarin – ungesüßt und schluckweise trinken.

Lassen Sie einen Tropfen Japanisches Heilpflanzenöl auf der Zunge zergehen. Atmen Sie dabei fest durch den Mund ein und durch die Nase aus. Mehrmals wiederholen.

Nehmen Sie morgens warm-kalte Wechselduschen: 3 bis 5 Minuten warm, dann ein paar Sekunden kalt und wiederholen.

Machen Sie sich Haferflockensuppe mit einer Tasse Espresso und dem Saft einer halben Zitrone. Es schmeckt grauenhaft, aber wirkt enorm.

Suchen Sie mit beiden Daumen am Hinterkopf, dort, wo die Nackenmuskulatur beginnt, die Außenseite dieser Muskelsträhne. Drücken Sie hier fest gegen den Kopf.

*

Schlaflosigkeit

Tropfen Sie 1 Teelöffel Baldrian auf ein Stück Würfelzucker, und nehmen Sie den Zucker ein.

Setzen Sie bereits am Morgen 4 Teelöffel Baldrianwurzeln mit 2 Glas warmem Wasser auf, und lassen Sie dies bis zum Abend zugedeckt stehen. Trinken Sie 1 Tasse nach dem Abendessen und eine direkt vor dem Schlafengehen.

Nehmen Sie 20 Minuten lang ein warmes Fußbad, in dem Sie 3 Handvoll Holzasche und 3 Handvoll Salz aufgelöst haben.

Gehen Sie 20 Minuten in die 37 Grad warme Wanne. Gießen Sie Baldrian- oder Lavendelabsud dazu. Vielleicht ein paar Löffel Honig.

Setzen Sie sich im Schneidersitz ins Bett, massieren Sie sich die Hände warm, dann 20 mal die Lenden und anschließend den Nacken. Nun sofort hinlegen und mit ruhigen Gedanken einschlafen.

Nehmen Sie prinzipiell nur Bettwäsche aus Baumwolle.

Eine Tasse Milch und eine Zwiebel in einem Topf gut erwärmen – nicht kochen lassen. Diesen Trunk vor dem Schlafengehen trinken.

Ein Tee für besonders tiefen Schlaf: Orangenblätter, Baldrian und Melisse vermischen. Abends 1 Teelöffel davon in 1 Tasse siedendes Wasser geben, kurz ziehen lassen und langsam trinken.

Durchblick mit frischem Quark

Die besten Tips für Ihre Augen

Augenentzündung

Da das Auge sehr empfindlich ist, sollten Sie bei stärkeren Beschwerden unbedingt einen Facharzt aufsuchen.

Geben Sie zerstoßene Benediktenkrautblätter in ein dünnes Leinentuch, und legen Sie dieses auf die Augen. Trinken Sie dazu 1 Tasse Frauenmanteltee.

Achten Sie darauf, daß Sie keine kalten Füße haben. Oft tritt bereits nach einem warmen Fußbad Besserung ein.

Machen Sie sich alle 2 Stunden ein Honigaugenbad: ½ Eßlöffel Honig in einem ½ Liter Wasser 5 Minuten kochen und lauwarm auf die Augen auftragen.

Legen Sie sich mehrmals am Tag frische Kohlblätter auf die Augen. Nehmen Sie dazu ein heißes Fußbad, dem Sie 3 Handvoll Holzasche und 1 Eßlöffel Kochsalz zugegeben haben.

Legen Sie sich einige Zeit frischen Quark auf die Augen.

Nehmen Sie dreimal am Tag ein Augenbad aus einem Tee aus Augentrost und Weinraute. Auch ein Holunderblütentee hilft sehr.

Dreimal am Tag Aufschläge mit einem in Eichenrindenbrühe getauchten Tuch. Für die Brühe 1 Handvoll Eichenrinden in einem ½ Liter Wasser aufkochen, durch ein Sieb gießen und gut abkühlen.

Werden diese Eichenrinden-Aufschläge jede halbe Stunde gemacht, heilt die Augenentzündung besonders schnell.

Bei einer Hornhautentzündung sollten Sie sofort den Arzt aufsuchen.

*

Augenschmerzen

Wenn Ihre Augen wetterbedingt, durch den Einfluß von Klimaanlagen oder durch Überforderung brennen und schmerzen, können Sie mit einigen Hausmitteln reagieren.

Tränken Sie mit abgekühltem Augentrosttee ein sauberes Tuch, und drücken Sie es sich leicht auf die Augen. Legen Sie sich ruhig hin, und lassen Sie den Augenaufschlag so lange einwirken, bis er trocken ist.

Bereiten Sie sich einen starken Kamillentee, tauchen Sie Watte oder ein Leinentuch ein, und legen Sie diese Kompresse auf die Augen.

Trinken Sie eine Tasse Knabenkrauttee.

Reiben Sie sich Ihre Augen mit Gartenrautengeist aus der Apotheke ein.

Geben Sie abgekühlten Augentrosttee in eine Schüssel, und tauchen Sie Ihr Gesicht bis zu zehn Mal hinein, wobei Sie die Augen abwechselnd offen und geschlossen halten.

Schließen Sie die Augen, bedecken Sie sie mit den Fingern, ohne jeglichen Druck auszuüben, und denken Sie nur an schöne, entspannende Dinge.

Legen Sie die ausgestreckten Zeigefinger auf die Augenbrauen, und massieren Sie ganz leicht in horizontalen Bewegungen. Die Finger bleiben auf der Haut liegen, so daß sie nicht gestrichen wird.

Drücken Sie mit dem Daumen fest die Innen- und Unterseiten vom zweiten und dritten Zeh, gezählt von der großen Zehe her.

*

Bindehautentzündung

Bei einer Bindehautentzündung sollten Sie unbedingt einen Arzt aufsuchen. Die folgenden Hausmittel können die Behandlung aber unterstützen.

Machen Sie sich mehrmals am Tag warme Umschläge mit Kamillen- und Augentrosttee.

Tränken Sie alle paar Stunden einen Wattebausch in Kamillentee, und legen Sie ihn auf.

Trinken Sie morgens und abends ein Glas frisch gepreßten Karottensaft.

*

Gerstenkorn

Ein Gerstenkorn ist die eitrige Entzündung einer Haarbalgdrüse. Drücken oder reiben Sie niemals selbst daran herum.
Überlassen Sie das einem Arzt.

Machen Sie sich wiederholt Aufschläge – so heiß wie möglich – aus Leinsamen, Bockshornkleesamen oder Kartoffelbrei.

Ist das Gerstenkorn bereits geöffnet, tauchen Sie einen Wattebausch in Augentrosttee, und waschen Sie die betroffene Stelle damit mehrmals am Tag, bis sie abgeheilt ist.

Waschen Sie das Gerstenkorn mit einer Abkochung aus Eichenrinde oder einer Mischung aus Fenchel und Kamille. Auch hier wieder möglichst heiß.

Betupfen Sie ein beginnendes Gerstenkorn mit einem lauwarmen oder kalten Holunderblütenaufguß: 50 Gramm Holunderblüten mit ½ Liter Wasser überbrühen, 12 Minuten ziehen lassen, filtrieren und abkühlen.

*

Grauer Star

Begeben Sie sich beim geringsten Verdacht in ärztliche Behandlung.

Unterstützend wirken Schenkelgüsse, Wassertreten in der Wanne und Barfußlaufen.

Regelmäßige Augenwaschungen mit Augentrosttee können auch nützlich sein.

*

Grüner Star

Auch hier gilt: Beim geringsten Verdacht sofort zum Arzt!

Parallel wirksam und hilfreich sind Fußdampfbäder, nasse Socken beim Schlafen und Wadenwickel.

Vermeiden Sie konsequent den Genuß von Alkohol und Nikotin.

*

Kurzsichtigkeit

Lassen Sie sich von einem Augenarzt untersuchen und eine Brille verschreiben.

Trotzdem können Sie Ihre Sehkraft stärken und einer Verschlechterung vorbeugen, wenn Sie regelmäßig Wassertreten und Ihr Gesicht in eine Schüssel mit lauwarmem Augentrosttee tauchen.

Außerdem ist viel Bewegung in sauerstoffreicher Luft notwendig.

*

Augenflimmern

Machen Sie Fußmassagen und Wassertreten in kaltem oder kühlem Wasser.

Nehmen Sie nur reizlose Kost zu sich, und vermeiden Sie Alkohol, Nikotin und Koffein.

Legen Sie sich eine halbe Stunde mit geschlossenen Augen, zuletzt mit offenen Augen in einen dunklen Raum, und atmen Sie ganz ruhig.

Nachtblindheit

Wenn Sie nachts besonders schlecht sehen, wenden Sie sich möglichst bald an einen Augenarzt.

Als Hausmittel gegen Nachtblindheit gelten Nahrungsmittel mit viel Vitamin A, also Butter, Lebertran, Eidotter, Milch, Käse, Karotten, Spinat, grüner Salat, Tomaten, Hagebutten, Pfirsiche und Orangen.

Machen Sie sich zweimal wöchentlich Wadenpackungen, und legen Sie sich kalte Umschläge auf die Augen.
Vermeiden Sie dabei jede Zugluft.

*

Tränensackentzündung

Legen Sie sich nachts feuchte Umschläge mit Augentrosttee auf die Augen, und waschen Sie sie morgens mit Zinnkrauttee aus.

*

Augenfalten

Gegen die gefürchteten Krähenfüße hilft eine weiche Paste aus 50 Gramm Kaffeemehl und dem geschlagenen Eiweiß von 3 Eiern. Rund um die Augen auftragen, 20 Minuten einwirken lassen, abwaschen, abtrocknen und mit einer Fettcreme nachmassieren.

*

Glanzlose Augen

Nehmen Sie ein Augenbad aus Emser Salz, um Ihren Augen neuen Glanz zu verleihen: 1 Teelöffel Emser Salz in ½ Liter abgekochtem, lauwarmem Wasser auflösen.

Wenden Sie den Geheimtrick vieler Schauspieler an: Waschen Sie die Augen mehrmals mit lauwarmem Schwarztee. Sie bekommen einen strahlenden Blick.

*

Zu kurze Wimpern und Augenbrauen

Mischen Sie je 1 Eßlöffel Rizinusöl und Brennesselblätterabkochung (30 Gramm in ¼ Liter Wasser kochen, 20 Minuten ziehen lassen, durchseihen und ausdrücken). Jeden Morgen Augenbrauen und Wimpern damit reinigen.

*

Dunkle Ringe um die Augen

Legen Sie sich eine halbe Stunde lang frisch geschnittene, rohe Kartoffelscheiben auf die geschlossenen Augen, und bleiben Sie ganz ruhig liegen.

25 Gramm Ysop aus der Apotheke mit ½ Liter kochendem Wasser aufgießen, 12 Minuten ziehen lassen, abseihen und abkühlen. Mit diesem Tee ein Leinentuch tränken und auf die geschlossenen Augen legen.

Machen Sie sich Umschläge oder Bäder aus je 20 Gramm Blutwurzelwurzeln und Thymian und je 10 Gramm Baumwollsamen und Süßholzwurzeln, die Sie in einer Tasse mit heißem Wasser mixen und ziehen lassen.

Umschläge müssen kalt und Augenbäder warm angewendet werden.

Kühle Wickel für heiße Ohren

Die besten Tips für Ihre Ohren

Ohrengeräusche

Hören Sie Zischen, Pfeifen, Brummen oder Klingeln in den Ohren, liegt das meist an Durchblutungsstörungen oder am Beginn einer Ohrenentzündung. Suchen Sie daher den Facharzt auf.

Trinken Sie dreimal am Tag 1 Tasse frisch zubereiteten Baldriantee.

Lassen Sie sich in der Apotheke aus 5 Teilen Pfefferminze, je 3 Teilen Kamille und Steinklee, je 2 Teilen Königskerze und Ysop und je 1 Teil Schafgarbe und Stockrose einen Kräutertee mischen.

2 Teelöffel dieser Mischung mit ¼ Liter Wasser überbrühen, 15 Minuten ziehen lassen, abseihen und 6 Wochen lang 2 bis 3 Mal täglich vor den Mahlzeiten schluckweise trinken.

Machen Sie Urlaub, stellen Sie Ihre Kost auf viel Gemüse und Rohkost um, und suchen Sie einen Arzt auf.

Stellen Sie sofort den Konsum von Alkohol, Koffein, Nikotin und schwarzem Tee ein.

Sind die Ohrengeräusche mit einem Schwindelanfall verbunden, gehen Sie sofort ins Bett, meiden Sie jedes Geräusch und grelles Licht, und verständigen Sie einen Arzt.

Haben Sie neben dem Rauschen auch Gleichgewichtsstörungen, kann dies an verändertem Blutdruck oder einer Erkältung liegen. Legen Sie sich mehrmals am Tag je 20 Minuten lang frisches, grünes Farnkraut auf die Ohren.

*

Mittelohrentzündung

Hier ist eine Arztbehandlung unerläßlich. Es lohnt sich aber, mit dem Arzt unterstützende Hausmittel zu besprechen. Etwa: trockene und warme Packungen auf das Ohr.

Wenn es der Arzt gestattet, sollten Sie das Ohr mit lauwarmem Kamillentee ausspülen. Nachher mit Watte ganz trockentupfen und einige Stunden nicht aus dem gut geheizten Raum gehen.

Machen Sie Auflagen auf das Ohr mit heißen Bockshornkleesamen, die Sie mit Wasser zu einem Brei anrühren.

Sie können auch heiße Heublumensäcke auf das schmerzende Ohr legen.

*

Ohrblutungen

Rufen Sie sofort einen Arzt.

Bei Ohrblutungen muß der Patient ruhig sitzen bleiben oder so liegen, daß das blutende Ohr nirgends aufliegt.

Legen Sie einen dicken Schutzverband an, der das Blut stillt.

*

Ohrfluß

Bei Ekzemen, Furunkeln oder auch bei Mittelohrentzündungen kann es zum Austritt eitriger Flüssigkeit kommen.

Bis zum Eintreffen des Arztes sollten Sie, bei großen Schmerzen, das Ohr mit lauwarmem Kamillentee ausspülen.

*

Ohrpfropfen

Hat sich im Ohr ein großer Pfropfen aus Ohrenschmalz gebildet, füllen Sie eine Wärmflasche mit heißem Wasser, und legen Sie vor dem Einschlafen das Ohr darauf. Der Pfropfen schmilzt und fließt aus.

Versuchen Sie niemals den Pfropfen mit einem spitzen Gegenstand zu entfernen. Sie können sich dabei das Ohr schwer verletzen.

Tropfen Sie einige Tage lang auf 35 Grad erwärmtes Olivenöl in den Gehörgang. Danach läßt sich der aufgeweichte Pfropfen ganz leicht mit Kamillentee herausspülen.

Trinken Sie dazu unterstützend Baldrian- oder Orangenblütentee.

*

Fremdkörper im Ohr

Ist ein Fremdkörper in den äußeren Gehörgang geraten – etwa ein Insekt oder bei Kleinkindern ein Spielgegenstand – helfen vorsichtige Spülungen: entweder mit lauwarmem Wasser oder Kamillentee.

Wenn Sie allerdings eher ungeschickt sind, so sollten Sie das unbedingt einem Arzt überlassen.

*

Ohrenschmerzen

Ohrenschmerzen sind immer ernst zu nehmen. Sie können durch Entzündungen im Ohr, aber auch durch Erkrankungen von Kiefergelenk, Zähnen, Weisheitszahn oder Rachen verursacht werden.

Suchen Sie also einen Arzt auf, wenn Sie die Störung nicht absolut sicher als harmlos erkennen.

Trinken Sie einen speziellen Ohrentee: Mischen Sie zu gleichen Teilen Angelika, Kamille, Linden- und Holunderblüten.
Pro Tasse 1 Eßlöffel kurz aufbrühen und nicht zu heiß trinken.

Ohrenschmerzen lassen oft nach minutenlangem Wassertreten in lauwarmem Wasser in der Badewanne nach.

Ziehen Sie eine Wollmütze über die Ohren, und tragen Sie sie so lange, bis die Schmerzen weg sind.

Machen Sie sich so lang wie möglich Umschläge mit warmen Wolltüchern, die auch mit warmem Wasser getränkt sein können.

Oft bringen auch kühle Halswickel, die bis in die Ohrengegend reichen dürfen, Erleichterung.

Oft helfen auch Dampfbäder mit Kamillen- oder Holundertee fürs Ohr. Dafür halten Sie einen Trichter umgekehrt auf einen Topf mit Tee und halten die schmale Öffnung ans Ohr.

Ist der Arzt damit einverstanden, können Sie sich auch Dampfbäder mit Heublumenaufgüssen machen oder Umschläge mit einer Mischung von gekochtem Leinsamen- und Bockshornkleesamenbrei. Diese müssen Sie aber jede halbe Stunde erneuern.

Salbei und Borretsch für den Teint

Die besten Tips für Ihr Gesicht

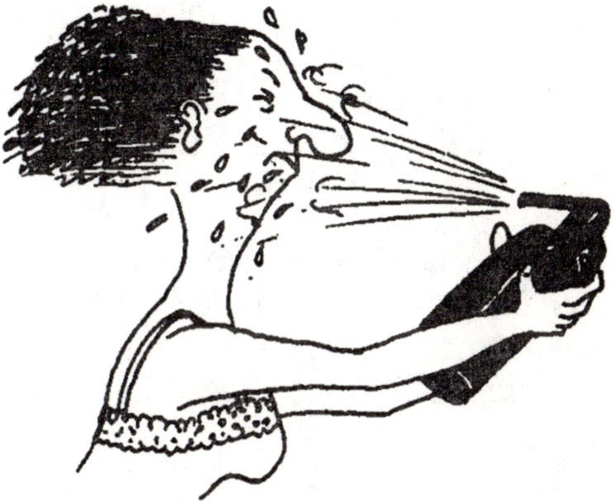

Gesichtsblässe

Tragen Sie oft ein blasses Gesicht zur Schau, sollten Sie 3 Wochen lang täglich 3 Tassen von folgendem Tee trinken: 10 Gramm Selleriewurzeln 10 Minuten in ½ Liter Wasser kochen und abseihen.

Sehr gut eignet sich auch Borretschtee: 10 Gramm Borretschblüten mit ½ Liter Wasser überbrühen und 15 Minuten ziehen lassen – 3 Wochen lang 3 Tassen täglich.

Massieren Sie Ihr Gesicht mit folgender Tinktur ein: 15 Gramm Salbei in ¼ Liter Kölnischwasser gut verschlossen 5 Wochen abstellen und dann filtrieren.

*

Gesichtswarzen

Legen Sie sich ein paar Tage oder Nächte Ringelblumen oder eine Ringelblumensalbe auf die Warze; nach einigen Tagen ist sie weg.

Kleben Sie eine Woche lang ein Heftpflaster auf die Warze, nehmen Sie es für zwei Tage weg, und kleben Sie ein neues für eine weitere Woche auf. Auf keinen Fall zwischendurch abnehmen.

Reiben Sie die Warze mit dem Saft von frischer Hauswurz ein.

Reiben Sie die Stelle täglich mit Zitronensäure ein.

Kaufen Sie sich Schöllkrauttee in der Apotheke, und reiben Sie sich damit die Warze ein.

Legen Sie sich über einen längeren Zeitraum regelmäßig rohe Zwiebelscheiben oder zerdrückte Sauerampferblätter auf die Warze.

Schneiden Sie eine dünne Scheibe von einer frischen Knoblauchzehe herunter, und befestigen Sie sie mit einem Heftpflaster auf der Warze.

Waschen Sie die Warze täglich mit Eichenrindentee: getrocknete Eichenrinde ein paar Stunden in kaltem Wasser einweichen und danach ½ Stunde kochen.

Ist die Warze schon Jahre vorhanden, sollten Sie unbedingt mit einem Arzt über ihre Entfernung sprechen.

*

Schlaffe, alternde Gesichtshaut

Natursalbe: 100 Gramm Stearin bei kleiner Flamme schmelzen, mit 40 Gramm Triäthanolamin vermischen, 10 Minuten weiter kochen, 300 Gramm Glyzerin und 400 Gramm Rosenwasser dazugeben. Vom Herd nehmen und verrühren. Pro Teelöffel Creme 1 Eßlöffel Zitronensaft dazugeben.

Lassen Sie sich in der Apotheke einen Kräutertee mischen: 3 Teile Nußbaumblätter, 2 Teile schwarze Johannisbeerblätter, je 1 Teil Wiesenkönigin, Pfefferminze und Brennessel.

2 Teelöffel dieser Mischung mit ¼ Liter kochendem Wasser überbrühen, 15 Minuten ziehen lassen, abseihen und 2 Wochen lang 3 Tassen täglich nach dem Essen trinken.

Mit dem gleichen Tee sollten Sie sich regelmäßige Gesichtskompressen machen. Tauchen Sie ein Leinentuch in den Tee und lassen Sie es 10 Minuten auf dem Gesicht liegen.

*

Falten im Gesicht

Reiben Sie die faltengefährdeten Stellen jeden Abend mit einem Brei aus kaltgepreßtem Olivenöl, Eigelb und Zitrone zu gleichen Teilen ein.

Tagescreme: 10 Gramm pulverisierte Bittermandeln, 20 Gramm Brennesselsaft und 1 Eßlöffel einer herkömmlichen Gesichtscreme in einem Gefäß abreiben und gut vermischen.

Gesichtsmaske: 40 Gramm geriebenes Fruchtfleisch eines Apfels, 1 Becher Joghurt und etwas Weizenstärke zu einer weichen Paste vermischen. Auf die Haut auftragen und erst nach dem Erhärten mit warmem Wasser abwaschen.

Je 15 Gramm weißes Bienenwachs und Lanolin, 100 Gramm Mandelöl und 50 Gramm Lebertran bei kleiner Hitze schmelzen. 10 Gramm Gurkensaft und 2 Gramm Rosenöl dazugeben, vom Feuer nehmen und zu einer weichen Creme verrühren.

Tragen Sie dieses Naturpräparat abends vor dem Schlafengehen auf, und massieren Sie es in die Haut ein. Entfernen Sie die Creme erst morgens wieder mit einer Reinigungslotion.

*

Sommersprossen im Gesicht

Schneiden Sie eine Zitrone auseinander, und drücken Sie die Schnittflächen gegen die Haut mit den Sommersprossen, bis der Saft austritt. Lassen Sie ihn die Nacht über einwirken.

Kochen Sie ½ Liter Milch, und geben Sie 100 Gramm Meerrettich dazu. Wenn die Mischung erkaltet ist, sieben Sie sie durch, und machen Sie damit jeden Abend Gesichtsumschläge. Auch hier das Gesicht erst am nächsten Morgen waschen.

*

Haarwuchs im Gesicht

Kochen Sie 50 Gramm Weizenkleie und 20 Gramm Klettenblätter 20 Minuten lang in 1 Liter Wasser. Lassen Sie die Flüssigkeit abkühlen, und seihen Sie sie durch.

Reinigen Sie Ihr Gesicht so lange mit dieser Lösung, bis die lästigen Haare ausfallen. Die Abkochung muß lauwarm eingesetzt werden.

Achten Sie aber darauf, daß Augen und Wimpern nicht damit in Berührung kommen.

*

Müde Haut

Rühren Sie frischen Eidotter mit kalt gepreßtem Olivenöl an, und tragen Sie das Gemisch für 20 Minuten auf die Haut auf.

Kochen Sie für ein Dampfbad 3 Handvoll Kamille aus der Apotheke in 3 Liter Wasser. Stellen Sie den Topf auf einen Stuhl, halten Sie das Gesicht darüber, und lassen Sie den Dampf einwirken.

Danach massieren Sie das Gesicht mit folgender Naturlotion: 80 Gramm Zitronensaft, je 30 Gramm Karotten- und Gurkensaft – alles ganz frisch – vermischen und sofort verwenden.

Legen Sie sich für 15 Minuten frisch geschnittene, dünne Gurkenscheiben auf's Gesicht.

*

Pickel und Akne im Gesicht

Trinken Sie 8 Wochen lang täglich 1 Tasse Braunwurzkrauttee: 1 Teelöffel mit ¼ Liter kochendem Wasser überbrühen, 10 Minuten ziehen lassen, durchseihen.

Waschen Sie die betroffenen Stellen mehrmals am Tag mit Eichentee aus der Apotheke.

Tragen Sie 2 bis 3 Mal die Woche Bienenhonig auf die Haut auf.

Trinken Sie 8 Wochen lang morgens und abends je 1 Tasse Stiefmütterchentee.

Nehmen Sie Hefetabletten aus der Apotheke – genau nach Packungsangabe.

Nehmen Sie täglich 1 bis 2 Kressekapseln – Tromacaps – die der Akne von innen her den Kampf ansagen.

Trinken Sie jeden Morgen auf nüchternen Magen 1 Tasse Walnußblättertee.

50 Gramm Bierhefe gut mit 1 Becher Joghurt vermischen und mit der pulverisierten Knolle einer Schwertlilie zu einem weichen Brei vermengen. Auf das Gesicht auftragen und erst nach dem Erhärten mit warmem Wasser abwaschen.

Rühren Sie 30 Gramm Hefe, je 10 Gramm Kamille und Leinsamen mit 1 Teelöffel Milch an, und essen Sie diesen Brei.

Waschen Sie das Gesicht mit Labkraut- oder Rosmarintee.

Legen Sie sich unter die Höhensonne, und nehmen Sie im Sommer Sonnenbäder – aber in Maßen.

Stellen Sie den Genuß von Schokolade, Süßigkeiten, geräucherten Speisen, Alkohol, Nikotin und Bohnenkaffee ein.

Essen Sie frische Weizenkeime, oder nehmen Sie dreimal am Tag 1 Kapsel mit Weizenkeimöl und Vitamin E.

Wenn die Nase tropft

Die besten Tips für Ihre Nase

Rote Nase

Je 20 Gramm Walnuß- und Thymianblätter in 1 Tasse kochendes Wasser geben, absieben, ½ Teelöffel Maisstärke und 1 Messerspitze Natron dazugeben und gut vermischen.

Waschen Sie mit dieser warmen Flüssigkeit wiederholt die Nase, und atmen Sie dabei ein wenig davon ein.

*

Tropfnase

Wenn die Nase über Gebühr rinnt, bereiten Sie sich ein Gesichtsdampfbad mit heißem Kamillentee.

Lösen Sie Hustensalbe in heißem Wasser auf, und atmen Sie die Dämpfe kräftig ein.

*

Nasenbluten

Bei häufigem Nasenbluten sollten Sie einen Arzt aufsuchen. In den meisten Fällen kann es aber durch einfache Maßnahmen zum Stillstand gebracht werden.

Aufrecht sitzen und leicht vorwärts beugen, damit der Blutdruck im Kopf nicht steigt, und das Blut nach vorne ablaufen kann. Läuft es nach hinten in den Magen, kommt es manchmal zu Übelkeit und Brechreiz.

Mit Daumen und Zeigefinger die Nasenflügel gleichmäßig mindestens 5 Minuten fest aneinanderdrücken und durch den Mund atmen.

Machen Sie sich kalte Umschläge auf Stirn und Nacken.

Hat das Nasenbluten aufgehört, dürfen Sie sich einige Stunden lang die Nase nicht schneuzen.

*

Schnupfen

Spülen Sie die Nase regelmäßig mit Zinnkrauttee aus.

Machen Sie morgens und abends Spülungen mit Teemischungen aus Salbei, Wermut oder Schotendotter.

Bereiten Sie sich ein Gesichtsdamdfbad aus frisch gekochtem Kamillentee, 6 Eßlöffel Spitzwegerichsaft oder Eukalyptuscreme. Diese Mischung atmen Sie langsam und intensiv ein.

Halten Sie ein kleines Glas Wasser, in dem Sie 1 Tropfen Jodtinktur aufgelöst haben, immer bereit, und trinken Sie tagsüber schluckweise daraus. Nicht geeignet bei Schilddrüsenüberfunktion.

Steigen Sie auf Trockenobst um, und nehmen Sie nur bei starkem Durst frisches Obst zu sich. Den Mund dürfen Sie mit Flüssigkeit nur ausspülen.

Grundsätzlich nur Papiertaschentücher verwenden. Billiger ist eine Rolle Küchenpapier. Die verwendeten Tücher sofort in einen Plastiksack geben, um Bazillenflug zu verhindern.

Nehmen Sie ein ansteigendes sehr heißes Fußbad, und trinken Sie gleichzeitig heißen

Lindenblütentee. Wenn Sie so richtig schwitzen, schnell ins Bett gehen.

Ziehen Sie über Nacht nasse Baumwollsocken an, und tragen Sie trockene Socken darüber.

Waschen Sie sich mehrmals am Tag das Gesicht mit kaltem Wasser.

Es gilt ein absolutes Rauch- und Alkoholverbot.

Geben Sie etwas Wasser auf einen Teller, und lösen Sie darin 1 Prise Kochsalz auf. Benetzen Sie damit die Fingerspitzen, und schnupfen Sie das Salzwasser davon hoch. Nicht öfter als zweimal täglich.

Trinken Sie morgens 1 Tasse Hagebutten- oder Hibiskustee.

*

Heuschnupfen

Vermeiden Sie Spaziergänge im Freien zur Blütezeit von Bäumen, Getreide, Gräsern und Unkraut.

Reisen Sie in andere Gegenden. Bei Klimawechsel verschwindet der Heuschnupfen oft spontan.

Steigen Sie für einige Zeit auf vegetarische Kost um. Der Schwerpunkt sollte vitaminreiches Obst sein.

Spülen Sie die Nase dreimal am Tag mit Zinnkrautabkochungen.

Trinken Sie morgens auf nüchternen Magen 1 Tasse Löwenzahntee, abends vor dem Schlafengehen 1 Tasse Lindenblütentee mit einigen Tropfen Zitrone.

Legen Sie sich für 1 Stunde in ein 39 bis 43 Grad warmes Wannenbad, und halten Sie die Temperatur konstant. Bleiben Sie eine weitere Stunde in 37 Grad warmem Wasser liegen. Danach erfolgt ein Abguß mit gleich warmem Wasser und Bettruhe.

Wenn Sie für Heuschnupfen anfällig sind, sollten Sie ein solches Bad dreimal pro Woche nehmen.

Nehmen Sie täglich einige Prisen getrocknete, pulverisierte Efeublätter zu sich.

*

Nasennebenhöhlenentzündung

Als Folge eines Schnupfens kommt es häufig zu einer Nasennebenhöhlenentzündung. Suchen Sie sofort einen Arzt auf. Es gibt aber auch ideale Parallelbehandlungen für daheim.

Legen Sie sich möglichst oft auf den Bauch, um den Abfluß des Schleims zu unterstützen.

Trinken Sie viel heißen Tee – am besten Lindenblütentee.

Kopfdampfbäder und heiße Kompressen auf der Stirn fördern den Heilvorgang.

Wenn Sie sich schneuzen, müssen Sie immer eine Seite der Nase fest zuhalten. Andernfalls können Absonderungen durch die Ohrtrompete ins Mittelohr gelangen.

Machen Sie Nasenspülungen mit Zinnkrauttee oder mit Salbei, Wermut und Schotendotter.

Nehmen Sie jeden Abend ein heißes Fußbad mit Essigwasser: ¼ Liter Apfelessig in einen Plastikeimer mit heißem Wasser gießen.

Reiben Sie sich abends Stirn und Nase mit Kamillenöl aus der Apotheke ein. Keine Angst, die blaue Verfärbung der Haut ist am nächsten Morgen verschwunden.

Nehmen Sie morgens und abends je 1 Eßlöffel Wasser mit je 3 Tropfen Arnikatinktur zu sich.

*

Chronische Nasenschleimhautentzündung

Bei chronischer Nasenschleimhautentzündung – im Volksmund "Stinknase" genannt – sind Nasenspülungen mit Zinnkrauttee zu empfehlen. Am besten dreimal täglich.

Essen Sie viel frische Kresse.

Spülen Sie Ihren Mund regelmäßig mit einem Propolis-Melbrosin-Elixier.

Nehmen Sie heiße Fußbäder, und nehmen Sie anschließend heiße Schwitzpackungen im Bett. Dazu trinken Sie heißen Lindenblütentee.

Gurgeln Sie stündlich mit Salbeitee.

Bestreichen Sie das Naseninnere mit Borsalbe.

Essen Sie Milchprodukte, Lebertran, Möhren, Spinat und Hagebuttenmark aus dem Reformhaus.

*

Nasenkatarrh und Katarrh der Luftwege

Nehmen Sie ein heißes Vollbad, trinken Sie dabei heißen Lindenblütentee, und schwitzen Sie im Bett 1 Stunde nach.

Inhalieren Sie den Dampf aus einer Mischung Kamillen- und Thymiantee zu gleichen Teilen: 3 Teelöffel mit ¼ Liter kochendem Wasser übergießen, 15 Minuten ziehen lassen, dann die Nase in den Dampf halten.

Nehmen Sie täglich 1 Eßlöffel Wermutsaft aus dem Reformhaus zu sich.

Machen Sie sich abends Brust- und Wadenwickel und inhalieren Sie mit kochendem Salzwasser.

Trinken Sie viele heiße Getränke mit Honig.

Auch schleimlösende Tees aus Eibisch, Huflattich, Spitzwegerich, Primeln und Isländischem Moor haben sich sehr oft bewährt.

Reiben Sie Brust und Hals mit Thymianöl, Eukalyptusöl und Pertussin-Balsam ein.

*

Nasenekzem

Wenn sich am Eingang der Nase ein Ekzem, Furunkel oder eine kleine Eiterpustel bildet, trägt man am besten Borsalbe oder Propolissalbe auf.

Auf keinen Fall an der Nase herumquetschen oder -drücken. Lassen Sie den Furunkel unangetastet.

Suchen Sie unbedingt einen Arzt auf, da Nasenekzeme unliebsame Folgen haben können und sogar zu Gehirnhautentzündungen führen können.

*

Stirnhöhlenentzündung

Unterstützend zur Behandlung des Arztes können Sie morgens und abends Kochdampfbäder nehmen und anschließend das Gesicht kalt waschen.

Legen Sie abends vor dem Schlafengehen heißen Bockshornkleesamen-Brei auf die Stirn, decken Sie ihn mit einem Tuch ab, und lassen Sie die Hitze in die Haut einziehen.

Fasten oder reine Obsttage fördern den Heilungsprozeß.

Der beste Cognac für den schlimmen Zahn

Die besten Tips für Ihren Mund

Mundfäule

Durch Mangel an Reinlichkeit, schlechte Nahrung und feuchte Wohnungen kann Mundfäule auftreten, eine besonders unangenehme Mundschleimhautentzündung mit Geschwüren am Zahnfleisch.

Ein wirksames Mittel: täglich 4 bis 6 Mal lauwarm gurgeln und den Mund ausspülen, am besten mit Salbeitee.

Trinken Sie viel Zitronenlimonade, Fruchtsäfte und Mineralwasser.

Nehmen Sie täglich ein Volldampfbad mit Rosmarin-Extrakt und anschließend eine Extra-Kompresse um den Hals.

Gurgeln Sie dreimal am Tag mit Käsepappeltee.

Schneiden Sie eine Meerrettichwurzel in dünne Scheiben, kochen Sie acht Scheiben in ½ Liter Wasser. Abseihen, in eine Thermosflasche füllen und tagsüber mehrmals den Mund damit ausspülen.

Mundgeruch

Gurgeln Sie dreimal am Tag mit warmem Kamillentee. Ideal ist eine Spezialmischung aus Kamillen-, Salbei-, Pfefferminz- und Schotendottertee.

Nach jeder Mahlzeit gründlich die Zähne putzen, anschließend das Zahnfleisch mit einer Zitronenscheibe massieren und danach mit Salbeitee gurgeln.

Nicht vergessen: Die Zähne dürfen nicht nur an der Vorderseite, sie müssen auch an der Rückseite kräftig gebürstet werden.

Zerkauen Sie intensiv eine Kaffeebohne. Der störende Mundgeruch ist sofort weg.

Brauen Sie sich Ihr eigenes Mundwasser: 2 Gramm Zitronensäure in ¼ Liter Wasser auflösen und nach jeder Mahlzeit den Mund damit ausspülen.

Essen Sie abends ein Stück Vollkornbrot mit 10 Tropfen Wacholderöl.

Trinken Sie über den Tag verteilt Heilbeerblättertee.

Kauen Sie tagsüber Kümmelsamen, Aniskörner oder Wacholderbeeren. Aber auch Thymian, Basilikum, Melisse, Majoran und Salbei versprechen Erfolg.

Wenn Sie häufig unter Mundgeruch leiden, sollten Sie Ihren Arzt konsultieren, damit er die Ursache feststellen kann.

*

Belegte Zunge

Trinken Sie dreimal am Tag 1 Tasse lauwarmen Magen- oder Salbeitee aus der Apotheke.

Spülen Sie den Mund tagsüber alle 2 Stunden mit Kamillentee aus.

Lassen Sie 1 Teelöffel Milchzucker auf der Zunge zergehen.

*

Mundschleimhautentzündung

Nehmen Sie alle 2 Stunden kräftige Mundspülungen mit einer Mischung aus Kamillen-, Eibischwurz-, Salbeitee und Tormentillwurzel zu gleichen Teilen vor.

Bestäuben Sie die schmerzenden, wunden Stellen im Mund mit Kaffeekohle.

Nehmen Sie 3 Tage lang nur flüssige Nahrung zu sich, damit die Mundschleimhaut nicht unnötig gereizt wird. Dann langsam mit Rohkost anfangen.

Kauen Sie täglich 3 Schnitten Vollkornbrot. Das kräftigt die Schleimhäute und macht sie widerstandsfähig.

Trinken Sie dreimal am Tag 1 Glas Zitronenwasser.

1 Teil Walnußblätter und je 2 Teile Quendel und Kamille aufkochen. Für 1 Tasse siedendes Wasser 2 Teelöffel davon verwenden und regelmäßig spülen und gurgeln.

Je 1 Teil Thymian und Tormentillwurzel, 3 Teile Salbei aufkochen. 1 Teelöffel auf 1 Tasse siedendes Wasser. Gründlich damit gurgeln.

Betupfen Sie die Entzündungsstellen mehrmals am Tag mit Tormentill-Tinktur.

Trinken Sie den Saft von rohen Kartoffeln aus dem Reformhaus, damit dem Organismus die fehlenden Vitamine zugeführt werden.

Trinken Sie 3 Wochen lang 6 Tassen täglich von folgendem Kräutertee: 3 Teile Salbei, 2 Teile Käsepappel und 1 Teil Königskerze mischen. 1 Eßlöffel davon mit ¼ Liter kochendem Wasser überbrühen, 12 Minuten ziehen lassen und abseihen.

*

Schluckauf

Trinken Sie, leicht nach vorne gebeugt, 1 Glas Wasser, und halten Sie dabei die Luft an.

Zerkauen Sie einige Estragonblätter. Sie beruhigen die Magenschleimhaut.

Tränken Sie ein Stück Würfelzucker mit Apfelessig, und lassen Sie es dann langsam auf der Zunge zergehen.

Halten Sie den Atem an, und zählen Sie in Gedanken langsam bis zehn.

*

Mundsperre

Tritt unvermittelt Mundsperre bei Ihnen ein, greifen Sie mit beiden Händen fest an Ihr Kinn und massieren Sie kräftig, auch wenn's im Moment weh tut.

Trinken Sie 1 Glas frisches, kaltes Wasser.

*

Bläschen im Mund

Spülen Sie den Mund mehrmals am Tag mit Propoliselixier.

Kauen Sie tagsüber getrocknete oder frische Heidelbeeren.

Nehmen Sie täglich 1 Eßlöffel Rosenhonig: 20 Gramm getrocknete Rosenblütenblätter mit ⅛ Liter kochendem Wasser übergießen, ½ Stunde ziehen lassen, abseihen und 45 Gramm Honig dazurühren.

Lassen Sie sich in der Apotheke folgenden Kräutertee mischen: je 3 Teile Brennessel und Wegwartewurzel, 1 Teil Salbei und 4 Teile Beinwellwurzel.

3 Eßlöffel davon in 1 Liter kaltem Wasser über Nacht ansetzen, am Morgen bis zum Siedepunkt erwärmen, 5 Minuten ziehen lassen, und 3 Tassen pro Tag warm trinken.

*

Aufgesprungene Lippen

Essen Sie im Frühling und Sommer einen heilenden Salat aus Brennesseln, Löwenzahnblättern und Kresse.

Reiben Sie die Lippen mit Honig oder mit Olivenöl, aber auch mit Mandelöl ein.

Reiben Sie die Lippen mit frischem Knoblauchsaft ein. Auch Zwiebelsaft ist sehr wirkungsvoll.

Pressen Sie sich eine frische Gurkenscheibe gegen die Lippen.

Trinken Sie 3 Tassen täglich von folgendem Kräutertee: 3 Teile Thymian, je 2 Teile Steinklee und Frauenmantel und 1 Teil Waldmeister. 1 Eßlöffel davon mit 1 Tasse kochendem Wasser übergießen, 10 Minuten ziehen lassen, durchseihen.

*

Trockener Mund

Bei häufig trockenem Mund kaut man zur Anregung der Speichelbildung mehrmals am Tag eine Gewürznelke oder Fenchelkörner.

Trinken Sie mehrmals am Tag Benediktendistel- oder Gundelrebentee. Jeweils 2 Teelöffel mit ¼ Liter kochendem Wasser überbrühen, 10 Minuten ziehen lassen, durchseihen.

Rühren Sie 1 Messerspitze Eisenkrautpulver aus der Apotheke in Ihre Suppe.

1 Eßlöffel Honig, je 1 Teelöffel Weizenkleie, Zitronensaft und gemahlene Schwarzerlenblätter sowie etwas Olivenöl gut vermischen und jeden Morgen 1 Teelöffel davon im Mund zergehen lassen.

*

Parodontose und Zahnfleischschwund

Ist die Parodontose einmal nachweislich vorhanden, kann sie nur gemeinsam mit dem Zahnarzt bekämpft werden. Vorbeugend und unterstützend wirken aber folgende Hausmittel.

Massieren Sie täglich das Zahnfleisch gut mit den Fingern oder mit der Zahnbürste.

Essen Sie reichlich Zitronen, Apfelsinen, Hagebutten, Grapefruits und schwarze Johannisbeeren.

Kauen Sie täglich die Rinde von mindestens einer Scheibe Brot fest.

Essen Sie viel Honig, Müsli, Vollkornbrot, rohes Obst und Gemüse.

Essen Sie mehrmals am Tag geriebene Äpfel und Möhren.

Drehen Sie frische Beinwellwurzel durch den Fleischwolf, und kauen Sie diesen Brei gut durch. Dann wieder ausspucken.

Lassen Sie sich in der Apotheke aus 4 Teilen Fenchel, 3 Teilen Pfefferminze, 2 Teilen Salbei und je 1 Teil Majoran und Eichenrindenpulver einen Spezialtee mischen.

1 Eßlöffel davon mit ¼ Liter kochendem Wasser überbrühen, 10 Minuten ziehen lassen, durchseihen und 6 Wochen lang dreimal täglich vor den Mahlzeiten je 1 Tasse trinken.

*

Wurzelhautentzündung

Wenn es durch unbehandelte Karies zu einer Entzündung der Wurzelhaut kommt und manche Zähne druck- und klopfempfindlich werden, muß der Zahnarzt eingreifen. Sie können aber mithelfen.

Machen Sie sich Auflagen mit heißen Bockshornkleesamen, heißen Leinsamen oder zerdrückten heißen Kartoffeln. Anschließend legen Sie kühle Heilerde-Umschläge auf.

Spülen Sie regelmäßig mit Eibischwurzel- und Kamillentee.

Wechselfußbäder - warm, kalt, warm - sind eine ideale Wassertherapie.

*

Zahnfleischbluten

Trinken Sie täglich 1 Likörglas Heidelbeersaft aus dem Reformhaus.

Essen Sie viel Sanddornmarmelade, am besten in Joghurt verrührt.

1 Eßlöffel frische oder getrocknete Tannenastspitzen aus der Apotheke mit ¼ Liter kochendem Wasser übergießen, 15 Minuten ziehen lassen und zweimal am Tag 1 Tasse trinken.

*

Zahnfleischentzündung

Nehmen Sie bereits bei den ersten Anzeichen einen kräftigen Schluck rohen Heidelbeersaft, und behalten Sie ihn möglichst lange im Mund. Der Natursaft heilt die Schleimhäute.

1 Gramm Karbolsäure, 80 Gramm Löffelkrautspiritus, 5 Tropfen Nelkenöl mischen und 1 Teelöffel davon in ¼ Liter Wasser auflösen und kräftig gurgeln.

Nehmen Sie oft Mundspülungen mit sehr warmem Salbeitee vor. Auch ein Absud von Zinnkraut- und Eichenrindentee leistet gute Dienste.

Massieren Sie sich täglich vor dem Schlafengehen das Zahnfleisch mit Arnikatinktur.

Kauen Sie mehrmals am Tag getrocknete Eukalyptusblätter, und spucken Sie sie dann wieder aus.

*

Zahnschmerzen

Zahnschmerzen können verschiedene Ursachen haben. Wenn Sie nicht gleich den Zahnarzt erreichen, nehmen Sie einen Schluck vom besten Cognac und spülen Sie damit kräftig den Mund.

Zerkauen Sie langsam 5 Wacholderbeeren.

Mischen Sie Wacholderbeeren, getrocknete Wacholderzweigspitzen und Huflattichblätter zu gleichen Teilen, zünden Sie das Ganze in einem Topf an, und saugen Sie den Rauch in den Mund auf.

Nehmen Sie einen Schluck warmen Kamillentee in den Mund.

Lassen Sie sich in der Apotheke aus 5 Teilen Baldrian, je 4 Teilen Melisse und Johanniskraut, 3 Teilen Pfefferminze und 1 Teil Quendel einen Zahnschmerztee mischen.

3 Teelöffel davon werden mit ¼ Liter kochendem Wasser überbrüht; 14 Minuten ziehen lassen, abseihen und bei Schmerzen 1 bis 2 Tassen trinken.

½ Teelöffel Sirup wird mit ½ Teelöffel Senf vermischt. Hinzu kommt 1 Messerspitze gemahlener Pfeffer. Streichen Sie das Ganze auf ein Pflaster, und legen Sie es dort auf, wo die Zahnschmerzen sind.

Ein uralter Tip: Geben Sie 1 Messerspitze geschabte Kreide auf Ihre Hand. Dies muß man dann auf der Seite ins Nasenloch gezogen werden, auf der man die Schmerzen hat. Das wirkt tatsächlich. Warum, weiß niemand.

Auch heiße Fußbäder können bei Zahnschmerzen schmerzableitend wirken.

Der Kloß im Hals

Die besten Tips für Ihren Hals

Heiserkeit

Kräuterteerezept: 2 Teelöffel Salbeiblüten mit 1 Tasse Wasser überbrühen, 5 Minuten ziehen lassen, 1 Zitrone dazu ausdrücken und zum Süßen echten Bienenhonig verwenden.

Malven- und Holunderblütentee werden zu gleichen Teilen gemischt und 2 Teelöffel davon mit 1 Tasse Wasser überbrüht, 5 Minuten ziehen lassen, Zitrone und Honig dazu, schluckweise und möglichst heiß trinken.

Erhitzen Sie ¼ Liter Milch, geben Sie 2 Eßlöffel Honig und einen Schuß Weinbrand dazu. Heiß und schluckweise trinken.

Lassen Sie 1 Tropfen Japanisches Heilpflanzenöl auf der Zunge zergehen. Dann atmen Sie mehrmals durch den Mund ein und durch die Nase aus.

Essen Sie innerhalb von 3 Stunden 6 Äpfel, die Sie jeweils portionsweise frisch in der Pfanne braten und gut kauen. Die Wirkstoffe der Bratäpfel vertreiben die Heiserkeit.

Ein Blitzrezept: Verrühren Sie 2 bis 3 rohe Eier in etwas Weinbrand, und trinken Sie diese Mixtur schluckweise.

Gurgeln Sie mit einem Absud aus Bibernellewurzel, und inhalieren Sie anschließend Reichenhaller Mineralwasser mit seinem reichen Gehalt an Mineralsalzen.

Trinken Sie abwechselnd Kräutertee aus Königskerze und aus Ehrenpreis.

Bei Heiserkeit sofort den Genuß von Paprika, Pfeffer, Salz, Nikotin und Alkohol einstellen.

Binden Sie sich zerhackte, angewärmte Zwiebeln mit einem Tuch um den Hals. Gurgeln Sie dazu mit einem Absud von Vogelbeeren oder Bibernelle.

*

Kehlkopfkatarrh

Beim Kehlkopfkatarrh – einer Heiserkeit mit Erkältungserscheinungen stärkeren Ausmaßes – sollten Sie unbedingt Bettruhe einhalten.

Waschen Sie den ganzen Körper zwischendurch mit Essigwasser ab, und machen Sie sich anschließend kalte Halswickel, die bei Erwärmung erneuert werden müssen.

Gönnen Sie Ihrem Hals Umschläge mit Heilerde und Lehm.

Trinken Sie mehrmals am Tag 1 Tasse Tee aus Schotendotter, Huflattich, Königskerze, Eibisch und Süßholzwurzel.

Gurgeln Sie nach jeder Mahlzeit mit Arnika- oder Salbeitee.

*

Halsentzündung und Halsschmerzen

Bereiten Sie sich einen Tee aus Frauenmantel, und spülen Sie damit jede Stunde gründlich und anhaltend Ihren Hals.

Kochen Sie Tee aus Sarnikelkraut, und gurgeln Sie damit mehrmals am Tag.

Bereiten Sie sich des öfteren am Tag ein Glas heißen Zitronensaft, und mischen Sie Bienenhonig darunter. Trinken Sie die Flüssigkeit schluckweise.

Wickeln Sie Zwiebeln in eine Alufolie, und rösten Sie sie in der Asche eines Grillfeuers. Legen Sie sie dann in einem Tuch um den Hals. Das Mittel hilft vor allem bei Kindern rasch.

Kochen Sie 2 Handvoll Kamillenblüten in ½ Liter Weinessig. Abseihen, in ein Säckchen geben, sich heiß um den Hals legen und ein trockenes warmes Tuch darüber binden.

Verrühren Sie Honig mit frisch gepreßtem Zwiebelsaft, und nehmen Sie mehrmals am Tag 1 Teelöffel davon zu sich.

Lassen Sie sich in der Apotheke aus Pfefferknöterich, Hirtentäschel und Wegwarte zu gleichen Teilen einen Spezialtee mischen.

Davon 2 Teelöffel mit ¼ Liter Wasser kalt ansetzen, kurz aufkochen, 10 Minuten ziehen lassen, abseihen und bis zu 3 Tassen am Tag trinken.

*

Rachenkatarrh

Nach einer schweren Erkältung stellt sich häufig ein Rachenkatarrh ein. Gurgeln Sie mehrmals am Tag mit warmem Kamillentee. Das bringt rasche Linderung.

Gurgeln Sie dreimal täglich mit Emser Salzlösung.

Setzen Sie sofort Alkohol, Nikotin und Koffein ab, und steigen Sie auf Rohkost um.

Gurgeln Sie alle 2 Stunden mit einem Gemisch aus Salbei, Kamille und Zinnkraut.

Sehr empfehlenswert ist zum Gurgeln auch eine Mischung aus 15 Tropfen dreiprozentigem Wasserstoffsuperoxyd und 1 Glas Wasser.

Gurgeln Sie morgens und abends mit Zinnkrauttee.

Sie sollten jeden Morgen wassertreten und nachher die Füße mit Arnikatinktur einreiben. Abends tun Ihnen heiße Fußbäder mit 2 Handvoll Holzasche gut.

Lassen Sie sich in der Apotheke aus je 1 Teil Spitzwegerich und Königskerze und 2 Teilen Schlüsselblumenblüten einen speziellen Kräutertee mischen.

1 Eßlöffel davon wird mit ¼ Liter Wasser überbrüht, 15 Minuten ziehen lassen, abseihen und 3 Wochen lang dreimal am Tag je 1 Tasse trinken.

Trinken Sie täglich vor dem Einschlafen heiße Milch mit Honig, und legen Sie sich einen kalten Halswickel an.

*

Geschwollene Mandeln

Bei angeschwollenen Mandeln und gerötetem Rachen legen Sie abends vor dem Schlafengehen heißen Bockshornkleesamen-Brei auf den Hals und binden ein Tuch darüber.

Trinken Sie alle 2 Stunden 1 Tasse Zinnkrauttee und massieren Sie danach ganz sanft Ihren Hals.

Lüften Sie häufig den Raum, in dem Sie sich aufhalten.

*

Mandelentzündung

Bei einer Mandelentzündung – auch Angina genannt – ist unverzüglich der Arzt zu verständigen. Unterstützende Naturheilmaßnahmen sind aber sehr wichtig.

Nehmen Sie regelmäßige Spülungen mit Salbei- oder Kamillentee vor.

Machen Sie Halsumschläge mit frischem Quark oder mit Heilerde.

Lassen Sie sich folgenden Tee in der Apotheke mischen: 1 Teil Lavendel, 1 Teil Minze und 2 Teile Salbei.

2 Teelöffel davon mit ¼ Liter Wasser überbrühen, 13 Minuten ziehen lassen, warm und schluckweise 2 bis 3 Tassen am Tag trinken.

Mischen Sie zum Gurgeln Lavendel-, Salbei- und Pfefferminztee.

Essen Sie viel Frischobst.

Genießen Sie 20 Minuten lang ein heißes Wannenbad mit Heublumenextrakt, und massieren Sie sich dabei den Oberkörper mit einer Bürste.

Gurgeln Sie regelmäßig mit Kamillentee, Zitronenwasser, Salbeitee, Pfefferminztee.

Wenn sich hohes Fieber einstellt, müssen Sie sofort alle Selbstmaßnahmen einstellen und nur noch den Arzt handeln lassen.

Vorbeugend wirkt eine Huflattich-Kur zu Beginn der Wintersaison: Kochen Sie sich Huflattich- und Blutreinigungstee. Nehmen Sie 14 Tage lang stündlich 1 Teelöffel Huflattichtee und 3 Mal am Tag Blutreinigungstee.

*

Kropf

Der Kropf muß unbedingt in ärztliche Behandlung. Unterstützend aber helfen kalte Umschläge mit Einchenrindenabkochungen, Barfußlaufen und Wassertreten.

Der Körper braucht Jod. Geben Sie es ihm in Form von viel Seefisch, Äpfeln, Apfelsinen, Spinat, Knoblauch, Rettich, Gartenkresse, Brunnenkresse, Heidelbeeren.

Verwenden Sie zur Zubereitung Ihrer Speisen nur jodhaltiges Salz. Achtung: Nicht bei Überfunktion der Schilddrüse.

*

Schilddrüsenüberfunktion

Hat der Arzt bei Ihnen eine Schilddrüsenüberfunktion festgestellt, meiden Sie jegliche Medikamente und kosmetische Artikel, die Jod enthalten. Lesen Sie also immer genau die Beschreibung.

Meiden Sie jodhaltige Speisen. Verboten sind Lebertran, Spinat, Kresse, Seefische, jodiertes Kochsalz, aber auch Schweineniere und Fleischprodukte im allgemeinen.

Reiben Sie morgens und abends den Hals mit einer in Weinessig ausgekochten Tinktur aus Eichenrinde und Wurmfarnkrautwurzel ein.

Trinken Sie dreimal am Tag folgenden Tee: Blasentang, Baldrianwurzel, Johanniskraut, Löwenzahn und Bärlappsamen zu gleichen

Teilen mischen, zerkleinern, 1 Eßlöffel davon mit 1 Tasse Wasser aufkochen, 5 Minuten ziehen lassen.

Zwei Getränke dämpfen die übermäßige Funktion der Schilddrüse ideal: Baldriantee und dunkles Bier, am besten 1 Flasche pro Tag.

Die idealen Nahrungsmittel sind Vollkornbrot, Kartoffeln und Maisgerichte.

Nehmen Sie dreimal die Woche vor dem Schlafengehen 20 Minuten lang ein lauwarmes Vollbad.

*

Schilddrüsenunterfunktion

Hat der Arzt bei Ihnen eine Schilddrüsenunterfunktion festgestellt, brauchen Sie viel Bewegung in frischer, sauerstoffreicher Luft.

Bürsten Sie sich morgens beim Duschen sorgfältig am ganzen Körper.

Gewöhnen Sie sich – zumindest zeitweise – an vegetarische Kost. Vermeiden Sie aber übermäßigen Kohlgenuß.

Gießen Sie 1 Teelöffel Obstessig in 1 Glas warmes Wasser. Rühren Sie gut um, und trinken Sie das während der Mahlzeiten schluckweise in kleinen Mengen.

Trinken Sie jodhaltiges Wasser aus der Apotheke.

Auf Ihrem täglichen Speiseplan müssen stehen: Rettich, Radieschen, Spargel, Tomaten, Erbsen, Erdbeeren, Zwiebeln, Äpfel, Kartoffeln und Eigelb.

Klopfen Sie mehrmals am Tag mit den Fingerkuppen drei Finger breit unter dem Nabel leicht auf die Bauchdecke.

*

Halsbeschwerden durch verschluckte Gräten

Schälen Sie schnell 1 Zitrone, und schneiden Sie das Fruchtfleisch in Würfel, die Sie zügig essen. Die Säure weicht die Gräte auf. Essen Sie gleich danach eine dick mit Butter bestrichene Scheibe Brot. Die Gräte gleitet mit.

Greifen Sie zu einem Stück Weißbrot, kauen Sie es gut, und würgen Sie es dann hinunter.

Schlucken Sie 1 Eßlöffel Essig.
Auch danach müssen Sie 1 Scheibe Weißbrot mit Butter essen.

*

Verschluckte Fremdkörper im Hals

Haben Sie einen Fremdkörper verschluckt, der Ihnen im Hals steckt, essen Sie möglichst viel Sauerkraut.
Es umhüllt den Fremdkörper und reißt ihn mit.

Den gleichen Erfolg haben Sie mit Unmengen von Kartoffelpüree, die möglichst rasch gegessen werden müssen.

Nehmen Sie niemals Abführmittel ein.

Verständigen Sie sofort einen Arzt.

*

Speiseröhrenverengung

Beim ersten Anzeichen von Schwierigkeiten bei der Nahrungsaufnahme sollten Sie sofort den Arzt verständigen.

Ideal ist aber für den Moment auch der Genuß von Milch, Haferschleimsuppe oder Olivenöl.

Bereiten Sie sich einen Obstbrei oder pürierte Gemüse- und Kartoffelspeisen.

*

Schnarchen

Wenn Sie Ihr Schnarchen loswerden möchten, sollten Sie Ihr Körpergewicht etwas reduzieren.

Lassen Sie sich untersuchen, ob Sie etwa Nasenpolypen haben oder Ihre Mandeln sehr angeschwollen sind.

Lassen Sie sich in der Apotheke einen Tee aus Arnika, Lindenblüten und Salbei zu gleichen Teilen mischen.

1 Eßlöffel davon mit ¼ Liter Wasser überbrühen, 10 Minuten ziehen lassen und 5 Wochen lang täglich vor dem Schlafengehen 1 Tasse trinken.

*

Steifer Hals

Wenn Sie morgens erwachen und den Hals kaum bewegen können, weil er regelrecht "steif" ist, helfen Höhensonne und heiße Umschläge.

Stellen Sie sich unter die Dusche, und lassen Sie heißes Wasser auf den Nacken laufen.

Legen Sie die Kuppe des Zeigefingers auf die betroffene Halsseite, und üben Sie einen leichten Druck aus. Heben Sie den Finger zwischendurch nicht ab. Vielleicht läßt der Schmerz schon nach 30 Sekunden für immer nach.

*

Muskelverspannungen im Nacken

Lassen Sie sich Hals und Nacken vorsichtig massieren.

Lassen Sie sich die schmerzhaften Stellen mit Propolissalbe einreiben. Das ist Baumharz, wie es die Bienen zum Desinfizieren ihres Bienenstocks verwenden.

*

Falten am Hals

Schlafen Sie möglichst flach. Verwenden Sie höchstens ein Kopfkissen, niemals zwei oder drei.

Vergessen Sie beim Eincremen des Gesichts niemals den Hals. Er ist allzu oft ein kosmetisches Stiefkind und wird erst beachtet, wenn zu viele Falten entstanden sind.

*

Altersflecken am Hals

Reiben Sie den Hals hin und wieder mit Zitronensaft ein.

Einmal kurz Luft holen

Die besten Tips für Ihre Atemwege

Husten

Bei einem starken Hustenanfall hilft 1 Teelöffel gezuckerter Kondensmilch sofort.

Trinken Sie langsam 1 Tasse Holunder- oder Lindenblütentee.

Nehmen Sie täglich 1 Eßlöffel Spitzwegerichsaft aus dem Reformhaus ein.

Bereiten Sie sich selbst das folgende Hustenbalsam: Thymianöl, Eukalyptusöl, Kampferöl und Latschenkiefernöl werden zu gleichen Teilen vermischt.

Nachdem Sie die Brust damit eingerieben haben, legen Sie Watte und ein Wolltuch darüber.

Lassen Sie sich in der Apotheke folgenden Kräutertee mischen: 5 Teile Veilchen, 2 Teile Begonie und 3 Teile Huflattich.

Davon 1 Eßlöffel in ¼ Liter kaltem Wasser 10 Stunden stehen lassen, kurz aufkochen, 5 Minuten ziehen lassen, abseihen und mit Honig gesüßt langsam und schluckweise trinken.

Die Wirkung des Tees wird noch verstärkt, wenn man pro Tasse 1 bis 2 Teelöffel Melissengeist zugibt.

Kochen Sie 5 Gramm Kirschenstiele kurz in ¼ Liter Wasser auf; 10 Minuten ziehen lassen, durchseihen und mit Honig gesüßt langsam und schluckweise trinken.

*

Keuchhusten

Beim ersten Verdacht ist selbstverständlich sofort der Arzt aufzusuchen. Unterstützend kann man aber auch selbst einiges tun.

Essen Sie viel Obst und Gemüse, und trinken Sie nur Magermilch.

Trinken Sie einen Tee aus Blättern der echten Kastanie, Thymian, Quendel, Sonnentau und Mannstreu.

Vermengen Sie je 1 Teil Sonnentau und Anis, 1½ Teile Thymian und je 2 Teile Holunderblüten und Eibischwurz. Davon 1 Teelöffel auf 1 Tasse Wasser, 12 Stunden kalt stehen lassen, kurz aufkochen und 3 Tassen täglich trinken.

Hängen Sie im Krankenzimmer Handtücher auf, die Sie zuvor in Kamillentee getaucht und ausgewrungen haben.

Trinken Sie dreimal am Tag 1 Glas warme Milch oder 1 Tasse Tee aus Bockshornklee mit Honig.

Nehmen Sie dreimal in der Woche ein Vollbad mit echtem Fichtennadelzusatz.

*

Bronchialasthma

Zeigt sich bei Ihnen anfallartige Atemnot als Symptom von Bronchialasthma, dann nehmen Sie zusätzlich zur ärztlichen Behandlung heiße Fuß- und Handbäder.

Legen Sie sich heiße Umschläge auf Brust und Leib.

Trinken Sie mehrmals am Tag 1 Glas Holunder- oder Huflattichsaft aus dem Reformhaus.

Vermischen Sie 4 Eßlöffel Salbeitee mit 4 Eßlöffeln frisch zerlassener Butter, und reiben Sie sich damit Brust, Rücken und Schulterblätter ein.

4 Teile Gänsefingerkraut, je 2 Teile Bibernellewurzel und Rautenblätter mischen, 1 Eßlöffel davon mit 1 Tasse Wasser überbrühen, 15 Minuten ziehen lassen, durchseihen und warm trinken.

2 Teelöffel geschnittene Eibischwurzel werden in ¼ Liter kaltem Wasser unter ständigem Rühren ½ Stunde angesetzt. Dann durchseihen, etwas erwärmen und ungesüßt trinken.

Je 4 Teile Sonnentau und Breitwegerich, je 2 Teile Bibernelle und Spitzwegerich und 1 Teil Eberwurz vermengen. 1 Eßlöffel davon in einem ¼ Liter kaltem Wasser ansetzen, kurz aufkochen, durchseihen und täglich 1 bis 2 Tassen trinken.

Regelmäßiges tiefes Atmen in sauerstoffreicher Luft, Wassertreten und Gymnastik helfen sehr.

Nehmen Sie morgens, mittags und abends je 1 Teelöffel von folgendem Hausmittel: 3 Teile geriebener Meerrettich und 1 Teil Bienenhonig werden gut verrührt.

Sie müssen bei Bronchialasthma mit dem Bauch atmen können: Legen Sie sich auf den Rücken, und entspannen Sie alle Muskeln. Legen Sie eine Hand auf den Bauch, und atmen Sie so, daß sich die Bauchdecke dabei hebt und senkt.

*

Bronchitis

Bei Bronchitis oder Bronchialkatarrh mit Husten, Heiserkeit und Brennen in der Brust sollten Sie einen Arzt aufsuchen. Dennoch gibt es wunderbare Hausmittel.

Geben Sie morgens und abends 3 Tropfen Japanisches Heilpflanzenöl in 1 Glas heißes Wasser, und atmen Sie 5 Minuten lang die Dämpfe ein.

Geben Sie anschließend noch 2 Tropfen von dem Öl in handwarmes Wasser, und trinken Sie diese Flüssigkeit schluckweise aus.

Verrühren Sie 5 Eßlöffel Senfmehl in 2 Litern heißem Wasser. Tauchen Sie zwei Handtücher ein, drücken sie aus und legen sie auf die Brust. Darüber kommen ein trockenes Handtuch und ein Wolltuch. Legen Sie sich nun 30 Minuten ins Bett, und entfernen Sie den abgekühlten Wickel.

Gönnen Sie sich eine Kamillen-Inhalation: Geben Sie 7 Eßlöffel Kamille in 2 Liter Wasser, und lassen Sie das Ganze aufkochen. Atmen Sie die Dämpfe der kochenden Brühe ein.

Reiben Sie sich mehrmals am Tag die Brust mit Eukalyptus- oder Thymianöl ein.

Legen Sie sich rohe, in Scheiben geschnittene Kartoffeln auf die Brust; ein Handtuch darüber und 20 Minuten einwirken lassen.

Waschen Sie sich die Brust mit stark verdünntem Apfelessig.

Lassen Sie Höhensonne oder Solarium auf die Brust einwirken.

Lassen Sie sich aus der Apotheke aus 4 Teilen Huflattich, 3 Teilen Spitzwegerich, 2 Teilen Eibischblüten und je 1 Teil Thymian, Anis und Veilchenwurzel einen Spezialkräutertee mischen.

1 Eßlöffel davon wird mit ¼ Liter kochendem Wasser aufgegossen; 15 Minuten ziehen lassen und warm mit etwas Honig trinken.

Unterdrücken Sie niemals das Husten. Es ist wichtig für die Genesung und fördert den Auswurf des Schleims.

*

Verschleimte Atemwege

Füllen Sie mit Schale gekochte Kartoffeln in einen Leinensack, und zerdrücken Sie sie darin. Legen Sie den heißen Sack auf die Brust, und lassen Sie ihn 20 Minuten einwirken.

Sie können auch einen Sack mit heißen Leinsamen auflegen.

Erwärmen Sie 2 Eßlöffel Waldhonig im Dampfbad, und verrühren Sie ihn mit derselben Menge Meerrettich. Bestreichen Sie damit ein Leinentuch, und legen Sie es auf die Brust.

Je 3 Teile Lindenblüten und Kamille und 2 Teile Eisenkraut vermischen; 1 Eßlöffel davon mit ¼ Liter kochendem Wasser übergießen, 10 Minuten ziehen lassen, durchseihen und mit Honig gesüßt trinken – 2 Tassen täglich.

Kochen Sie 1 Brötchen mit Milch zu einem Brei, und legen Sie diesen 20 Minuten lang auf einem Tuch vorne auf den Hals.

Gurgeln Sie mehrmals am Tag mit Eisenkrauttee.

*

Luftröhrenentzündung

Kommen Sie vom Arzt mit der Diagnose "Luftröhrenentzündung" nach Hause, können Sie mithelfen, daß Sie rascher gesund werden.

Legen Sie sich ein paar Tage ins Bett, und waschen Sie Ihren Körper mehrmals am Tag mit Essigwasser.

Trinken Sie Brusttee
und hustenlindernde Mittel.

Schütten Sie Holzasche in eine Wasserschüssel, und nehmen Sie darin warme bis heiße Fußbäder.

Trinken Sie regelmäßig Tees aus Schafgarbe, Huflattich, Spitzwegerich, Lungenkraut und Johanniskraut.

*

Lungenentzündung

Bei Lungenentzündung ist eine ärztliche Behandlung absolut erforderlich. Sie können aber dazu beitragen, Ihre Beschwerden zu lindern, etwa durch Schonkost und Obstsäfte.

Erleichtern Sie sich das Dasein durch Hustentropfen.

Gegen Brustschmerzen helfen Umschläge mit feuchtheißen Tüchern, die in strengster Ruhe auf den Körper einwirken sollen.

Trinken Sie Kräutertees aus Lungenkraut, Spitzwegerich, Eibisch, Huflattich oder Süßholz.

*

Lungentuberkulose

Tuberkulose muß vom Arzt behandelt werden. Doch unterstützende Maßnahmen daheim sind von großer Bedeutung.

Bewegen Sie sich viel im Freien, nehmen Sie Luftbäder, meiden Sie aber die pralle Sonne.

Laufen Sie morgens im taufrischen Gras barfuß durch den Garten oder die freie Natur.

Knie- und Schenkelgüsse mit kaltem Wasser sind sehr wirksam.

Trinken Sie schleimlösende Tees aus Wollblumen, Veilchenblättern, Knöterich und Schachtelhalm.

Lieber Spargel als Herzinfarkt

Die besten Tips für Ihr Herz und Ihren Kreislauf

Allgemeine Herzschwäche

Legen Sie 3 Eßlöffel zerkleinerte Nelkenwurzwurzel für 8 Tage in 1 Liter Weißwein, der im Fenster eines warmen Raums steht. Danach abseihen und täglich 1 Likörgläschen trinken.

Trinken Sie eine Woche lang täglich 1 Tasse Schlüsselblumentee: 1 Teelöffel mit 1 Tasse Wasser überbrühen, 10 Minuten ziehen lassen und durchseihen.

Stärken Sie Ihr Herz mit einem selbstgebrauten Herzwein: 1 Handvoll Hagebutten mit ¾ Litern Branntwein 14 Tage ansetzen und 2 Gläschen pro Woche trinken.

Nehmen Sie 20 Minuten lang ansteigende Armbäder von 35 bis 41 Grad Celsius, und legen Sie sich anschließend Senfwickel um die Waden.

Himbeerblätter, Wollkraut, Baldrian und Melisse zu gleichen Teilen mischen; 1 Teelöffel davon mit 1 Tasse Wasser überbrühen, 5 Minuten ziehen lassen, durchseihen und vor dem Schlafengehen 1 Tasse kalt trinken.

1 Teil Hopfenzapfen und je 2 Teile Gottesgnadenkraut und Weißdornkraut vermischen; 1 Teelöffel davon mit 1 Tasse Wasser überbrühen, 5 Minuten ziehen lassen, durchseihen und täglich 2 Tassen lauwarm trinken.

Trinken Sie täglich 1 Glas lauwarme Milch, in die Sie 1 Teelöffel feingehackte, frische Borretschblätter gerührt haben.

Nehmen Sie täglich 1 Eßlöffel von einer Mischung aus 1 Teil Himbeersirup und 2 Teilen Weinessig.

Trinken Sie stündlich 1 Eßlöffel Spargelwasser: 80 Gramm Spargel in 1 Liter kaltem Wasser ansetzen und 8 Stunden ziehen lassen. Dann kommen 2 Teelöffel Honig dazu.

Bei akuten Beschwerden reiben Sie die Brust mit Franzbranntwein ein, oder nehmen Sie 1 Eßlöffel Honig zu sich.

Trinken Sie 1 Gläschen Cognac oder Sekt.

Drücken Sie mit den Fingerkuppen am Rücken links und rechts neben dem dritten und dem zwölften Brustwirbel, anschließend vorne zu beiden Seiten des Nabels.

*

Herzbeschwerden

Bei Herzbeschwerden sofort einen Arzt aufsuchen. Die Natur können Sie aber unterstützend hinzuziehen.

Legen Sie in kaltes Wasser getauchte Wattebäusche auf die Herzgegend.

Geben Sie 20 Tropfen Baldriangeist aus der Apotheke auf 1 Stück Würfelzucker, und lassen Sie dieses auf der Zunge zergehen.

Stellen Sie den Genuß von Alkohol, Koffein und Nikotin sofort ein.

Trinken Sie regelmäßig Weißdorntee.

Nehmen Sie ein Vollbad, dem Sie 1 Eßlöffel Rosmarinöl beigegeben haben.

*

Herzmuskelschwäche

Nehmen Sie salzarme, vegetarische Kost zu sich.

Führen Sie jeden zweiten Tag eine Ganzwaschung durch.

Trinken Sie abwechselnd Tees aus Weißdorn, Fingerhut und Frühlingsteufelsauge.

Nehmen Sie öfter und dafür kleinere Mahlzeiten zu sich. Meiden Sie blähende Speisen. Die Gase drücken auf den rechten Herzmuskel.

Trinken Sie täglich 1 Gläschen eines selbstgebrauten Herzweins:
10 Petersilienstengel mit Blättern, 1 Eßlöffel Apfelessig und 1 Liter Weißwein 10 Minuten auf kleiner Flamme kochen, auf 40 Grad Celsius abkühlen, 300 Gramm Honig dazumischen und einige Tage in einer Flasche stehen lassen.

*

Herzmuskelentzündung

Bettruhe und Diät sind neben den Maßnahmen des Arztes das wichtigste.

Zur Durchblutung des Herzmuskels sind 20 Minuten lange, ansteigende Armbäder von 35 bis 41 Grad anzuraten. Und zwar 2 bis 4 Mal die Woche.

Bürsten Sie Ihren Körper trocken ab.

Sehr zu empfehlen ist ein Kohlensäurebad.

Fahren Sie nach der Genesung zu einer Klimakur ins bewaldete Mittelgebirge der Bundesrepublik oder Österreichs.

*

Herzerweiterung

Leiden Sie an Herzerweiterung mit Atemnot, Angstgefühl und Herzrasen, müssen Sie sofort, zusätzlich zur ärztlichen Behandlung, auf salzarme, vegetarische Kost umsteigen.

Trinken Sie zur Stärkung des Herzmuskels viel Tee aus Weißdorn, Fingerhut und Frühlingsteufelsauge.

Gönnen Sie sich zur Anregung des Kreislaufs jeden Morgen und Abend Wechselfußbäder.

*

Herzklappenfehler

Wenn der Arzt Ihren Herzklappenfehler behandelt, können Sie seine Maßnahmen mit Naturheilmitteln unterstützen.

Kräftigen Sie Ihren Herzmuskel durch Fingerhutpräparate, mit Heilmitteln aus Weißdorn und Frühlingsteufelsauge.

Versorgen Sie Ihren Körper mit harntreibenden Nahrungsmitteln wie Zwiebeln, Sellerie oder Wacholderbeeren.

Trinken Sie Tees aus Liebstöckel, Seifenkrautwurzel, Brennessel, Zinnkraut und Hagebutte.

*

Herzwassersucht

Stellt der Arzt die Diagnose "Herzwassersucht", können Sie mit Naturheilmethoden unterstützende Maßnahmen ergreifen.

Trinken Sie regelmäßig Löwenzahnwurzeltee.

Lassen Sie sich in der Apotheke einen Tee aus je 4 Teilen Wacholderbeeren und Hauhechel, je 3 Teilen Goldrute, Bohnenschalen und

Löwenzahnwurzeln, 2 Teilen Ackerschachtelhalm und 1 Teil Eichenrinde mischen.

1 Eßlöffel davon mit ¼ Liter kaltem Wasser 1 Stunde ansetzen, kurz aufkochen, 10 Minuten ziehen lassen, durchseihen und 3 Wochen lang täglich 3 Tassen trinken.

*

Angina pectoris

Kommt es aufgrund schlechter Herzdurchblutung und starker -beanspruchung zu den typischen Herzschmerzen von Angina pectoris, muß unbedingt der Arzt hinzugezogen werden. Doch gibt es unterstützende Hausmittel.

Nehmen Sie regelmäßig ein warmes Armbad und Wechselfußbäder, die immer warm enden müssen.

Streichen Sie Alkohol, Koffein und Nikotin aus Ihrem Leben.

Achten Sie auf einen geregelten Stuhlgang.

Essen Sie mäßig und vorrangig Rohkost.

Sehr zu empfehlen ist ein nicht zu heißes Baldrian- oder Lavendelbad vor dem Schlafengehen.

Legen Sie sich nachts einen Leinensack mit den Kräutern Thymian, Dostenkraut, Pfefferminze, Baldrian und Lavendel unter den Kopf. Ihre ätherischen Öle verdunsten in der Bettwärme, werden eingeatmet und wirken auf den Organismus.

*

Herzinfarkt

Bei einem Herzinfarkt ist es notwendig, daß der Patient die Arbeit des Arztes durch eigenes Zutun unterstützt.

Verzichten Sie auf Alkohol, Nikotin und Koffein.

Meiden Sie körperliche Anstrengung und seelische Überforderung.

Es wäre gut, wenn Sie sich zweimal in der Woche nur von Obst oder von Säften ernähren würden.

Nehmen Sie dreimal am Tag 1 Teelöffel Bienenhonig zur Kräftigung des Herzens ein.

Bei Herzschmerzen helfen warme oder heiße Kompressen auf die linke Brustseite.

Streichen Sie tierische Fette von Ihrem Speiseplan, und nehmen Sie nur Mais-, Distel-, Sonnenblumen- oder Weizenkeimöl.

Nehmen Sie täglich Vitamin C zu sich, und zwar in Form von Frischobst, Sauerkraut, Sanddornsaft oder ½ Teelöffel Ascorbinsäure aus der Apotheke.

3 Magnesiumkapseln pro Tag schützen vor Arterienverkalkung, hemmen die Blutgerinnung und senken die Blutfette.

Anstelle der Magnesiumkapseln gibt es aber eine ideale Naturkost: 2 Bananen täglich. Sie sind reich an Magnesium und Kalium.

Trinken Sie täglich zwischendurch in einem Glas Saft Pektin K., den Wirkstoff aus einem sauren Apfel. Er senkt zusätzlich den Blutfettgehalt.

Bringen Sie jeden Tag den Kreislauf in Schwung. Gehen Sie schwimmen, laufen Sie auf der Stelle, machen Sie 20 Kniebeugen oder Liegestütze.

Achten Sie darauf, daß Sie nicht an Körpergewicht zunehmen.

Genießen Sie oft Spargelgerichte. Spargel entwässern auf natürliche Weise den Organismus.

*

Herzneurose

Bei nervlich bedingten Herzbeschwerden sollten Sie zu einem alten Hausmittel greifen: 2 Eßlöffel

Fenchel, 3 Eßlöffel Pfefferminzblätter und 4 Eßlöffel Baldrian.

1 Teelöffel davon in 1 Tasse Wasser kalt aufsetzen und nach dem Aufkochen trinken. Sie schlafen danach auch prächtig.

Baden Sie zweimal in der Woche mit einem Zusatz aus Melisse oder Lavendel.

Reiben Sie die Herzgegend mit einem Herzbalsam ein, den Sie sich aus Rosmarin- oder Mentholöl mixen.

*

Arterienverkalkung

Trinken Sie täglich 1 Tasse Immergrüntee und zusätzlich, wann immer Sie Zeit haben, 1 Gläschen Knoblauch- oder Weißdornsaft.

Essen Sie täglich 1 Scheibe einer rohen Zwiebel.

Nehmen Sie täglich die geruchlosen Knoblauchaktivkapseln.

Oder essen Sie eine Scheibe Vollkornbrot mit einigen frischen Knoblauchzehen. Verwenden Sie generell in allen Speisen viel Knoblauch.

Schneiden Sie Weißkraut ganz fein, pressen Sie ihn aus, und vermischen Sie den Saft mit Honig. Nun nehmen Sie 3 Wochen lang täglich 3 Eßlöffel davon ein. Nach einer Woche Pause die Kur wiederholen.

Lassen Sie sich in der Apotheke aus 5 Teilen Baldrian, 4 Teilen Weißdorn, 3 Teilen Knoblauch und je 2 Teilen Löwenzahnblättern und Schachtelhalm einen Kräutertee mischen.

Davon 1 Eßlöffel mit ¼ Liter kaltem Wasser 70 Minuten ansetzen, aufkochen, 6 Minuten ziehen lassen, durchseihen, und zweimal täglich ungesüßt 1 Tasse schluckweise trinken.

Nehmen Sie jeden zweiten Tag ein Wechselfußbad mit 2 Eimern: 10 Minuten ins warme, 20 Sekunden ins kalte, 5 Minuten ins

warme und 10 Sekunden ins kalte Wasser.
Strümpfe anziehen und etwas warm laufen.

*

Blutarmut

Klären Sie die Ursache mit Ihrem Hausarzt ab.

Trinken Sie zu den Mahlzeiten Brennesselsaft, Löwenzahnsaft oder roten Traubensaft aus dem Reformhaus.

Essen Sie viel Sauerampfer, Rettich, Erdbeeren, Heidelbeeren oder Honig.

Kauen Sie tagsüber Wacholderbeeren.

Machen Sie Atemübungen in frischer Luft.

Schalten Sie einmal in der Woche einen Apfeltag ein: ½ Kilo geriebene Äpfel ohne Gehäuse und Kerne auf den ganzen Tag in kleine Portionen verteilen. Reiben Sie sich die Portion aber jedesmal frisch.

*

Durchblutungsstörungen

Der Arzt muß eingeschaltet werden. Unterstützend streichen Sie den Nikotinkonsum.

Sie sollten jeden Morgen in 10 Zentimeter kaltem Wasser wassertreten.

Bürsten Sie jeden Morgen trocken Ihre Fußsohlen.

Essen Sie vegetarisch und salzarm. Nehmen Sie viel Naturreis zu sich.

Kauen Sie täglich bis zu 10 Wacholderbeeren.

Baden Sie einmal in der Woche sehr warm oder heiß mit Heublumenzusatz.

Gehen Sie jeden Tag radfahren oder schwimmen.

Nehmen Sie einmal im Jahr 6 Wochen lang morgens, mittags und abends je 4 Wob-Enzym-Dragees aus der Apotheke. Dadurch werden Ablagerungen in Arterien und Venen verhindert.

*

Kreislaufstörungen

Nehmen Sie kalte Ganzwaschungen vor, am besten morgens.

Abends erweisen sich kalte Fußbäder mit Weinessigzusatz – 1 Eßlöffel pro Liter Wasser – als wirkungsvoll.

Verzehren Sie täglich 4 bis 6 Zwiebeln, pur oder in Speisen verteilt.

Würzen Sie Ihre Speisen reichlich mit Petersilie und Borretsch, aber sparen Sie mit dem Salz.

Essen Sie reichlich Apfelsinen, rohes Sauerkraut und grünen Paprika. Sie liefern das für den Kreislauf sehr wichtige Vitamin C.

Hacken Sie 3 Zitronen mit Schale, 3 Knollen Knoblauch und 1 Zwiebel ganz fein; 5 Minuten in 1 Liter Milch kochen, abseihen und täglich ½ Glas trinken.

*

Schwindelanfälle

Trinken Sie eine Tasse Tausendgüldenkraut-, Pfefferminz- oder Basilikumtee.

Legen Sie sich flach auf den Boden, und bleiben Sie ganz ruhig liegen.

Füllen Sie kaltes Wasser 6 Zentimeter hoch in Ihre Wanne, und treten Sie 2 Minuten mit nackten Füßen darin umher.

Halten Sie Ihre Hände so unter laufendes Wasser, daß 1 Minute lang kaltes Wasser auf Ihren Puls fließt.

Drücken Sie den Zeigefinger fest in die Mitte der Fußsohle, und zwar dort, wo die übliche Erhöhung ansetzt.

Nehmen Sie ein lauwarmes Fichtennadelbad, aber nur in Obhut eines anderen, damit nichts passieren kann.

Antischwindel-Kräutertee: Johanniskraut, Arnika- und Weißdornblüten, Rosmarin und Mistel zu gleichen Teilen vermischen. 1 Eßlöffel davon mit ¼ Liter kaltem Wasser aufsetzen, aufkochen, 10 Minuten ziehen lassen und tagsüber schluckweise trinken.

Bei häufiger auftretenden Schwindelanfällen sollten Sie Ihren Blutdruck von einem Arzt überprüfen lassen.

*

Hoher Blutdruck

Lassen Sie Ihren Blutdruck von einem Arzt regelmäßig kontrollieren.

Verzichten Sie auf Bohnenkaffee, Nikotin und Alkohol.

Verwenden Sie als Fette nur Weizenkeim-, Lein- oder Sonnenblumenöl.

Essen Sie viel Knoblauch, und trinken Sie Olivenblättertee.

Kauen Sie Majoranblätter, und essen Sie hinterher einen Apfel.

Trinken Sie 2 Monate lang täglich 4 Tassen Misteltee. Für 1 Tasse Misteltee muß 1 Eßlöffel Mistelkraut kalt angesetzt werden.

Baden Sie regelmäßig mit Fichtennadelzusatz.

Schlafen Sie viel, und gehen Sie häufig in der Natur spazieren.

Essen Sie viel Kompotte von Pfirsichen, Kirschen und Aprikosen. Sie bekämpfen den Hochdruck, da sie viel Kalium und Kalzium enthalten.

Würzen Sie Ihre Speisen nicht mit herkömmlichem Salz, sondern mit Sinesalz aus der Apotheke.

*

Niedriger Blutdruck

Turnen Sie am Morgen bei offenem Fenster, und atmen Sie dabei tief ein und aus.

Trinken Sie Bohnenkaffee.

Massieren Sie sich tagsüber des öfteren mit einer Bürste.

Nehmen Sie nach jeder Mahlzeit 10 bis 15 Tropfen Weißdornurtinktur mit etwas Wasser.

Meiden Sie Überanstrengungen, und essen Sie viel Obst und Gemüse.

Nehmen Sie mehrmals am Tag 1 Stück Zitrone in den Mund, kauen Sie es, und spucken Sie es dann wieder aus.

Essen Sie morgens auf nüchternen Magen 1 Eßlöffel voll Senf.

Trinken Sie regelmäßig kalt angesetzten Misteltee. Er reguliert den Blutdruck.

Essen Sie reichlich rohe Zwiebeln.

Machen Sie Urlaub im Gebirge.

*

Kollaps

Legen Sie dem Patienten Senfwickel um die Waden. Lagern Sie die Beine hoch, und verständigen Sie einen Arzt.

Nach dem Erwachen schluckweise starken Bohnenkaffee trinken.

Ideal ist 1 Glas von einer Abkochung aus Arnikawurzeln.

Last und Lust mit der Brust

Die besten Tips für Ihre Brust

Schlaffe weibliche Brust

Massieren Sie Ihre Brust jeden Morgen unter der Dusche in kreisenden Bewegungen.

Machen Sie die kreisenden Bewegungen auch mit dem Wasserstrahl aus der Dusche.

Tauchen Sie morgens einen Waschlappen in kaltes Wasser, und massieren Sie damit die Brüste.

Ideal ist es, wenn Sie diesem Wasser pro Liter 1 Eßlöffel Natron, den Saft ½ Zitrone oder 1 Eßlöffel Meersalz beigeben.

Legen Sie abwechselnd heiße und kalte Kompressen an. Beginnen Sie mit der heißen. Jedes Tuch soll etwa 5 Minuten auf der Brust aufliegen.

Machen Sie sich eine Massage-Lotion aus je 50 Gramm Eichenrinde, Ästchenrinde vom Feigenbaum, zerkleinerten Zypressenfrüchten und Walnußblättern. Aufkochen, durchseihen und 1 Hälfte der Flüssigkeit auf 45 Grad erhitzen, die andere in den Kühlschrank stellen.

Behandeln Sie jede Brust 6 Minuten lang mit einer Wechselmassage: jeweils 1 Minute die heiße und 1 Minute die kalte Lotion auftragen. Diese Prozedur sollten Sie zweimal täglich 2 bis 3 Monate lang durchhalten.

*

Zu kleine Brust

Brauen Sie sich aus 50 Gramm Bockshornkleesamenpulver, 30 Gramm Kakaopulver und echtem Bienenhonig eine geschmeidige Massage-Lotion.

Massieren Sie dreimal am Tag je 1 Teelöffel in den Busen ein. Diese Kur muß allerdings mindestens ein halbes Jahr durchgehalten werden.

*

Zu große Brust

Massieren Sie sich die Brust mit den Fingerkuppen. Setzen Sie sie unterhalb der Brust an, und massieren Sie von da an nach innen zur Körpermitte.

*

Brustdrüsenentzündung

Kommt es im Wochenbett zu einer Brustdrüsenentzündung, ist sofort der Arzt zu alarmieren. Unterstützend gibt es einige wichtige Regeln.

Binden Sie sofort die Brust hoch.

Legen Sie viel Quark auf die Brust, und pumpen Sie die Milch ab, um eine Stauung zu verhindern.

Bei drohender Eiterung sollten Sie 1 Teelöffel Leinsamen in heißem Wasser zu einem dicken Brei verrühren und mit einem Leinentuch fingerdick auf die Brust auftragen.

Legen Sie feuchtheiße Tücher auf die Brust, die Sie vorher in einen Bockshornkleesamen-Absud getaucht haben.

In harmlosen Fällen genügt oft eine Auflage von Tüchern, die in Kamillentee getaucht wurden.

Als ideale Vorbeugung sollten Sie während der gesamten Stillzeit die Brüste warm halten.

Die Brustwarzen dürfen nicht an der Kleidung scheuern.

Säubern Sie die Brüste nach dem Stillen mit abgekochtem Wasser, eventuell mit ein wenig Alkohol, und decken Sie weiße, frisch gebügelte, heiße Tücher darüber.

Das Baby sollte die Brust immer leer trinken. Überschüssige Milch müssen Sie abpumpen.

*

Milchbildungsstörungen

Nehmen Sie als stillende Mutter nur reizlose Kost zu sich.

Bewegen Sie sich viel in sauerstoffreicher Luft, und lüften Sie oft das Zimmer, in dem Sie sich aufhalten.

Nehmen Sie Weizenschrotmehl-Suppe, Obst und zartes Gemüse zu sich. Essen Sie wenig Fleisch, aber dafür viel Quark und Milch.

Unterstützen Sie die Milchbildung mit den Kräutern Anis, Dill, Koriander, Majoran, Melisse und Baldrian.

Tragen Sie keine beengenden Kleider.

*

Milchfluß

Bei ununterbrochenem Milchfluß muß die überschüssige Milch regelmäßig abgepumpt werden. Am besten geht dies mit einer elektrischen Milchpumpe.

Legen Sie das Baby alle 2 Stunden an.

Waschen Sie die Brüste mit kaltem Kamillentee ab, am besten jede Stunde.

Trinken Sie ohne Zutaten mehrmals am Tag schluckweise einen Tee aus Salbei- und Walnußblättern.

*

Milchstockung

Ist die Milchbereitung in Ihrem Körper gestört, nehmen Sie ein lauwarmes Bad, und reiben Sie die Haut kräftig ab. Legen Sie sich danach sofort mit einer Wärmflasche an den Füßen ins Bett.

Trinken Sie Tees, die die Milchproduktion fördern: Mönchspfeffer, Anis, Kerbel, Dill, Koriander, Kümmel, Basilienkraut, Bibernelle, Majoran und Melisse.

*

Brustbeschwerden

Lassen Sie sich zur Linderung in der Apotheke einen Tee aus 4 Teilen Eibischkraut, 2 Teilen Eibischwurzel und 1 Teil Süßholzwurzel mischen.

Davon 1 Teelöffel mit 1 Tasse kochendem Wasser überbrühen und tagsüber reichlich trinken.

*

Brustfellentzündung

Bei einer Brustfellentzündung ist der Arzt zu konsultieren. Dennoch können Sie unterstützend mithelfen.

Trinken Sie täglich 2 Tassen Tee aus je 3 Teilen Johanniskraut und Schafgarbe und 1 Teil Wermut.

Unterstützend eignen sich ebenfalls Wacholderbeer- und Traubenkuren.

Auch ein schöner Rücken …

Die besten Tips für Ihren Rücken

Muskelverspannung im Nacken

Wenn Sie unter Nackenschmerzen leiden, stellen Sie sich einige Zeit unter die heiße Dusche, und lassen Sie den Wasserstrahl direkt auf den Nacken treffen. Das entkrampft.

Schlafen Sie nachts nicht auf einem Kissen, sondern auf einer Nackenrolle.

Lassen Sie sich den Nacken mit Propolissalbe einreiben.

*

Schulterbeschwerden

Massieren Sie Nacken und Schultern mit knetenden Bewegungen, und streichen Sie dann mit den Handflächen über die schmerzenden Stellen.

Üben Sie niemals mit dem Kopf einen Gegendruck aus.

Legen Sie heiße Kräuterkompressen auf: 2 Eßlöffel Arnika, 2 Eßlöffel Rosmarin und 2 Eßlöffel Thymian mit 1 Liter kochendem Wasser übergießen und 10 Minuten ziehen lassen.

Tauchen Sie nun ein größeres Tuch in diesen Kräuterabsud, drücken Sie es aus, und legen Sie es auf. Darüber kommt eine Plastikfolie, damit die Kompresse länger warm bleibt und intensiver wirken kann.

Stellen Sie sich unter die Dusche, und lassen Sie den warmen Wasserstrahl auf die schmerzenden Stellen herabprasseln.

Machen Sie dabei Turnübungen, wie etwa Beckenkreisen, und lassen Sie den Kopf nach vorne fallen. Dadurch entspannt sich der obere Körperbereich.

Legen Sie warme Umschläge oder eine Wärmflasche auf.

Sehr gut sind auch Wickel mit Eiswasser.

Drücken Sie mit dem Daumen und der Hand nacheinander die Zehenwurzeln der Füße. Den großen Zeh können Sie dabei vergessen. Wichtig sind nur die anderen Zehen.

*

Bandscheibenbeschwerden

Bandscheibenschäden und Bandscheibenschmerzen gehören in die Hand eines erfahrenen Arztes. Doch gibt es wertvolle unterstützende Naturmethoden.

Lassen Sie sich jeden Abend entlang der Wirbelsäule mit Propolissalbe aus der Apotheke einreiben.

Nehmen Sie Vollbäder mit Farnzusatz aus der Drogerie.

Genießen Sie Lehm- und Moorbäder in der Badewanne.

Zur jähen Schmerzlinderung haben sich Moor- und Lehmpackungen bewährt.

Nehmen Sie Weizenkeime, Weizenkeimöl und Weizenkeimpräparate zu sich, weil die darin enthaltenen Vitamine B und E die Bandscheiben stärken.

Trinken Sie einmal in der Woche an einem Tag 3 Tassen Tausendgüldenkrauttee.

Achten Sie auf regelmäßigen Stuhlgang, und halten Sie Ihr Körpergewicht. Nicht zunehmen!

Betreiben Sie Sport, Gymnastik, gehen Sie viel schwimmen, und hacken Sie Holz mit Maß und Ziel.

Besorgen Sie sich Salbe mit Bienengift, und reiben Sie die schmerzenden Stellen mehrmals am Tag ein.

Machen Sie 6 Wochen lang eine innere Löwenzahnkur. Für 1 Tasse brauchen Sie 1 Teelöffel Löwenzahn aus der Apotheke. Kurz aufkochen, 10 Minuten ziehen lassen und morgens und mittags je 1 Tasse trinken.

Sie können sich aber auch frischen Löwenzahnsaft aus der Apotheke besorgen und jeweils 1 Eßlöffel in 1 Tasse warmes Wasser geben. Vor dem Trinken gut umrühren.

Vorbeugend sollten Sie immer gerade sitzen und allzu weiche Sitzgelegenheiten meiden.

*

Kreuzschmerzen

Reiben Sie das Kreuz mit Arnikatinktur oder mit Franzbranntwein ein.

Legen Sie sich heiße Heublumensäcke auf.

Machen Sie sich Schlamm- oder Moorpackungen auf die schmerzenden Stellen.

Nehmen Sie wechselwarme Sitzbäder mit anschließenden Hüftwickeln.

Gehen Sie viel spazieren.

*

Wirbelsäulenverkrümmung

Wenn man jung ist, kann die Wirbelsäulenverkrümmung durch von Krankengymnasten vermittelte Ausgleichsübungen ausgeheilt werden.

Unterstützend wirken auch Sonnenbäder.

Ist man älter, muß man zur Bekämpfung der vorhandenen Schäden und Schmerzen Moorpackungen durchführen und heilgymnastische Turnkurse besuchen.

Stellen Sie ab sofort jegliche zu starke Belastung der Wirbelsäule ein.

Bemühen sie sich zu jeder Zeit, aufrecht und gerade zu gehen.

Wirbelsäulenrheumatismus

Legen Sie sich mehrmals am Tag heiße Kompressen auf. Achten Sie aber darauf, daß Sie sich nachher nicht verkühlen, denn sonst können sich die Beschwerden verschlimmern.

Machen Sie daheim in der Badewanne eine 6-Wochen-Kur mit Moor, oder legen Sie sich ebenso lange Schlammpackungen auf.

Setzen Sie die Wirbelsäule der Sonnenbestrahlung aus.

Besuchen Sie einen Heilmasseur oder einen Heilgymnastikkurs. Sprechen Sie sich da aber zuerst mit Ihrem Arzt ab.

*

Multiple Sklerose

Multiple Sklerose geht vom Rückenmark aus und bringt Störungen am ganzen Körper mit sich. Sie ist bis heute noch nicht vollkommen erforscht.

Sind Sie damit in ärztlicher Behandlung, sollten Sie parallel und mit Geduld auch selbst etwas tun.

Reiben Sie den Körper morgens vor dem Ankleiden kalt ab: Zuerst Gesicht, Nacken, Hals, dann Brust, Bauch, Arme, Rücken, hintere Beinpartien, vordere Beinpartien und schließlich die Füße.

Ideal ist es, wenn Sie dazu ein Gerstenkornhandtuch nehmen, das Sie zeitweise anfeuchten. Die Abreibung bewährt sich am besten bei kühler Zimmertemperatur.

Ernähren Sie sich hauptsächlich von rohen Haferflocken, Wurzeln, rohen Eiern, Vollkornbrot, Wasser und Butter.

Essen Sie viel rohe Früchte, vor allem Weizen, Roggen, Hafer, Gerste, Äpfel, Birnen, Pflaumen, Tomaten, Beeren, Nüsse, Mohn, Leinsamen, Sonnenblumenkerne, Kirschen, Trauben, Pfirsiche, Kokosnüsse, Datteln, Feigen.

Bereiten Sie sich gekeimte Körnerfrüchte: gereinigte Roggen- und Weizenkeime mischen und abends in einem Schüsselchen mit Wasser bedecken. Morgens das Wasser abgießen, tagsüber trocken stehen lassen und abends wieder begießen – so lange, bis sich Keimlinge bilden.

Diese Keimkörner essen Sie in kleinen Portionen über den Tag verteilt. Sie können Sie auch mit Honig und Milch als Müsli verzehren.

Ein Sektgelage gegen Nierenkolik

Die besten Tips für Ihre Nieren und Harnwege

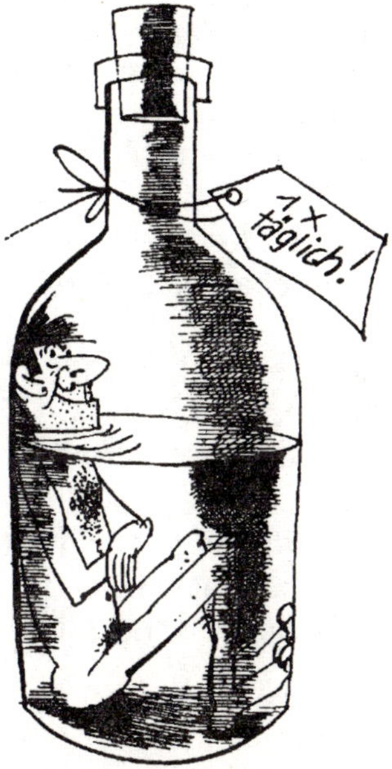

Nierenbeckenentzündung

Diagnostiziert der Arzt eine Nierenbeckenentzündung, sollten Sie mit Naturmethoden unterstützend mithelfen, die Krankheit zu bekämpfen.

Zerdrücken Sie heiße, gekochte Kartoffeln mit Schale, und legen Sie sie auf die Nieren. Darüber kommt ein Leinentuch, damit ein Hitzestau entstehen kann.

Meiden Sie Kochsalz, Alkohol und scharfe Gewürze.

Trinken Sie harntreibende Tees wie Bärentraubentee, Wacholdertee, Zinnkrauttee oder Birkenblättertee.

Sorgen Sie dafür, daß Ihre Füße immer warm sind. Beschließen Sie den Tag mit einem heißen Fußbad.

Zur Nachbehandlung sollten Sie Mineralwässer trinken, die für Nierenerkrankungen geeignet sind.

*

Nierenentzündung

Hat der Arzt die Nierenentzündung nicht innerhalb von sechs Wochen ausgeheilt, kann sie chronisch werden. Helfen Sie daher mit eigenen Kräften mit.

Fasten Sie ein, zwei Tage, und ernähren Sie sich unter ärztlicher Kontrolle nur von Obst und Säften.

Erhitzen Sie Kartoffeln, zerdrücken Sie diese, und legen Sie sie auf der Nierengegend auf.

Lassen Sie Mandeln und Zähne genau auf eine mögliche Infektion untersuchen.

Fragen Sie den Arzt nach einem geeigneten Heilbad.

*

Nierenfunktionsstörungen

Meiden Sie scharfe Gewürze und alkoholische Getränke.

Essen Sie Milchspeisen und nichtblähende Speisen.

Lassen Sie sich in der Apotheke aus gelber Taubnessel, Stechpalme und Bibernellewurzel zu gleichen Teilen einen Kräutertee mischen.

Davon 1 Eßlöffel mit ¼ Liter kochendem Wasser überbrühen, 10 Minuten ziehen lassen, durchseihen, und im Laufe des Tages des öfteren einen Schluck nehmen.

Versehen Sie Ihre Speisen – vor allem Salate – mit viel Schnittlauch, Petersilie und Zwiebeln.

*

Nierenkolik bei Nierensteinen

Tritt eine Nierenkolik auf, so muß sofort der Arzt verständigt werden. Er muß entscheiden, ob der Patient in ein Krankenhaus eingeliefert werden muß. Bis dahin aber kann jeder unterstützend Hausmittel einsetzen.

Setzen Sie sich in ein Wannenbad, das so heiß wie möglich sein sollte. Meist werden die Schmerzen dann sofort nachlassen.

Denn durch die Hitze weiten sich die Gefäße, und der Nierenstein kann weiter nach unten wandern. Mancher hat sich durch egelmäßige heiße Bäder schon eine Nierensteinoperation erspart.

Wer einen starken Kreislauf hat, trinkt viel treibende Flüssigkeit: Mineralwasser mit viel Kohlensäure, Bier oder Sekt. So geht der Nierenstein schneller ab.

Machen Sie sich feuchtheiße Kompressen auf die schmerzenden Stellen.

Übrigens, den Abgang des Steins können Sie auch beschleunigen, indem Sie auf holprigen

Wegen radfahren, hüpfen oder reiten. Über Stufen abwärts zu springen, hilft auch sehr.

*

Nierensteinen vorbeugen

Ernähren Sie sich von Vollkornprodukten. Reichlich natürliches Vitamin B im Körper verhindert die Bildung von Nierensteinen.

Trinken Sie regelmäßig viel Mineralwasser. Geeignet ist vor allem Wasser aus Neuenahr, Driburg oder Badgastein.

Meiden Sie Tomaten, Rhabarber, Rettich, Pilze, Feigen, Kakao, Schokolade, zuviel Milch, Eigelb, Bohnen und Trockenfrüchte.

*

Nierenschwund

Hat der Arzt bei Ihnen Nierenschwund festgestellt, können Sie seine wertvolle Arbeit unterstützen.

Trinken Sie regelmäßig Rosmarinwein, den Sie auch selbst herstellen können: Kochen Sie Rosmarin in 2 Teilen Wasser und 1 Teil Wein.

Anstelle von Rosmarin lassen sich auch Salbei, Attichwurzeln, Hagebutte oder Zinnkraut verwenden.

Streichen Sie sich Quark auf die Nierengegend, legen Sie ein großes Pflaster und ein in Essig getauchtes Tuch darüber. Lassen Sie es einwirken, und genehmigen Sie sich danach ein Wannenbad.

*

Blasenkatarrh

Ziehen Sie sich warme Unterwäsche an, oder legen Sie sich für ein paar Tage ins Bett. Zunächst muß aber der Urin vom Arzt untersucht werden.

Zwei- oder dreimal pro Woche tut Ihnen ein ansteigendes Sitzbad gut: Beginnen Sie mit 35 Grad, und lassen Sie im Zeitraum von 20 Minuten heißes Wasser zulaufen, bis 45 Grad erreicht sind. Dann gleich ins Bett.

Füllen Sie ein Leinenkissen mit Heu, erhitzen Sie es im Backofen, und legen Sie es auf die Blasengegend. Wenn es abgekühlt ist, muß es wieder erhitzt werden.

Mischen Sie zu gleichen Teilen Bärentraube, Schachtelhalm, Pfefferminze, Thymian und Zinnkraut. Für 1 Tasse brauchen Sie 1 Eßlöffel davon, kurz aufkochen, durchseihen und warm trinken.

Bei krampfartigen Schmerzen machen Sie sich einen Einlauf mit heißem Kamillentee.

Trinken Sie einmal am Tag 1 Tasse Selleriewurzeltee, und zwar abends.

*

Blasensteine

Wenn der Arzt Sie aufgrund von Blasensteinen behandelt, können Sie unterstützend sehr viel dazu beitragen.

Nehmen Sie warme Sitzbäder mit Haferstroh und warmer Holzasche.

Vermengen Sie Bibernelle mit Hagebutte, lassen Sie die Kräuter 15 Minuten kochen, geben Sie etwas Honig dazu, und trinken Sie 1 Tasse warm.

*

Harnvergiftung

Unterstützend zur ärztlichen Behandlung trinken Sie einen Tee aus je 3 Teilen Sandseggenwurzel, Sarsaparillwurzel und je 2 Teilen Liebstöckelwurzel sowie Goldrutenkraut.

Von dieser Mischung 2 Eßlöffel auf 1 Tasse Wasser 15 Minuten einkochen. Täglich 3 Tassen davon trinken.

Setzen Sie Obst- und Milchtage ein.

*

Harnstörungen

Bei Harnverhalten trinkt man einen Tee aus Meisterwurz und Klettenwurzel zu gleichen Teilen und dazu etwas Hanf und Hopfen.

1 Eßlöffel davon wird mit ¼ Liter kaltem Wasser einige Stunden angesetzt; kurz aufkochen, abseihen und dreimal am Tag 1 Tasse trinken.

Gegen Harndrang siedet man 1 Teelöffel Zypressenblätter in 1 Tasse Rotwein und trinkt täglich morgens und abends 1 Tasse.

Gegen schmerzhafte Harnentleerung trinkt man dreimal täglich 1 Tasse Goldrutentee.

*

Bettnässen

Wenn ein Arzt ein organisches Blasenleiden ausgeschlossen hat, können Sie die folgenden Behandlungen durchführen.

Setzen Sie dem Kind das Essen regelmäßig vor und nicht zuviel, so daß Magen und Darm nicht auf die Harnorgane drücken können.

Die Nahrung soll salzarm und reizlos sein.

Keine Kartoffeln am Abend!

Bereiten Sie einen Tee aus Wermut, Johanniskraut und Schafgarbe; 1 Eßlöffel davon mit 1 Tasse Wasser überbrühen. Morgens und mittags je ½ Tasse warm trinken.

Täglich zweimal 1 Tasse Knöterichtee kann Bettnässen heilen. Die Kur dauert allerdings 3 bis 4 Wochen.

Bereiten Sie dem Kind jeden zweiten Abend ein ansteigendes Fußbad.

Vor dem Schlafengehen tut ein Vollbad mit Hopfenölzusätzen gut. Anschließend sofort ins Bett.

Die Beine sollten nachts höher liegen als der Kopf. Legen Sie 2 Kissen unter die Füße.

Achten Sie nachts darauf, wann das Malheur passiert, und wecken Sie das Kind dann zu dieser Zeit auf, um mit ihm auf die Toilette zu gehen.

Blasenschleimhautentzündung

Hat der Arzt bei Ihnen eine Blasenschleimhautentzündung festgestellt, sollten Sie auf seinen Rat hören. Gleichzeitig können Sie sich aber mit dem folgenden Tee Linderung verschaffen.

Trinken Sie dreimal täglich 1 Tasse, und zwar mindestens ½ Stunde vor dem Essen: je 2 Teile Lindenblüten, Brombeerblätter, Holunderblüten, Johanniskraut und 1 Teil Kamillenblüten mischen, 1 Teelöffel davon überbrühen und 10 Minuten ziehen lassen.

Wenn der Bauch schmerzt

Die besten Tips für Ihren Magen

Reisekrankheit

Wenn Ihnen auf hoher See, im Flugzeug oder auf einer langen Autoreise übel wird, sollten Sie spezielle Tabletten oder Kaugummibonbons gegen Reisekrankheiten aus der Apotheke mitnehmen.

Essen Sie vor und während der Reise möglichst wenig.

Auf hoher See sollten Sie sich viel im Freien aufhalten, und schauen Sie immer zu dem unbewegten Horizont. Das hilft auch.

*

Übelkeit und Erbrechen

Legen Sie sich hin und entspannen Sie, oder gehen Sie gleich ins Bett.

Essen Sie nichts, und trinken Sie keinen Alkohol.

Trinken Sie langsam ungesüßten Tee. Am besten wirkt Kamillentee.

Erst danach beginnen Sie mit Zwieback und feingeriebenen Äpfeln langsam wieder zu essen.

In den nächsten Tagen sollten Sie fette und gebratene Speisen meiden, um Völlegefühl und lästiges Aufstoßen zu verhindern.

Suchen Sie einen Arzt auf, wenn Brechreiz und Erbrechen nicht nachlassen oder immer wiederkehren. Das gilt vor allem bei Säuglingen und Kleinkindern.

*

Appetitlosigkeit

Jeden Morgen einige Minuten Wassertreten. Das hilft.

Trinken Sie Bittertee aus Wermut, Tausendgüldenkraut oder Enzianwurzel.

*

Sodbrennen

Das Kauen von getrockneten Brombeerblättern bringt rasche Hilfe.

Meiden Sie scharfe Gewürze,
Alkohol und Nikotin.

Schlucken Sie vor jeder Hauptmahlzeit einen Teelöffel Heilerde, den Sie vorher mit Wasser angerührt haben.

Brauen Sie sich Ihren eigenen Tee gegen Sodbrennen: Mischen Sie je 10 Gramm Fenchel, Eibischblätter. Kamille, Melisse und Süßholz.

Davon 1 Teelöffel mit 1 Tasse Wasser überbrühen und ½ Tasse eine Stunde nach dem Essen langsam trinken. Ungesüßt!

*

Magenschwäche

Trinken Sie täglich 1 bis 2 Tassen des folgenden Tees: 10 Gramm Kamille und je 20 Gramm Fenchel und Tausendgüldenkraut. 1 Teelöffel mit 1 Tasse Wasser überbrühen.

Brauen Sie sich selbst einen Gesundheitslikör aus 6 Eßlöffeln zerquetschten Wacholderbeeren, je 3 Eßlöffeln Tausendgüldenkraut und

Angelikablüten, je 1 Eßlöffel Kümmel und Enzianpulver und 1 Liter gutem Weißwein.

Stellen Sie das ganze 4 Tage verschlossen an einen kühlen Ort. Danach 6 Eßlöffel Zucker dazugeben und ½ Stunde vor dem Essen ½ Likörgläschen trinken.

*

Magensäure

Kauen Sie lang und intensiv. Speicheln Sie Ihre Nahrung besser ein.

Legen Sie sich eine halbe Stunde vor dem Essen eine heiße Wärmflasche auf den Magen.

Abends vor dem Schlafengehen brauchen Sie ein Wechselfußbad oder ein Sitzbad.

Nehmen Sie schluckweise frische Milch zu sich.

Lassen Sie den Magensäuregehalt vom Arzt feststellen.

*

Magensäuremangel

Besorgen Sie sich Wermutpulver oder Fenchelpulver, und nehmen Sie dieses messerspitzenweise ein.

Bei Beschwerden massieren Sie sich den Magen.

Bei Magensäuremangel müssen ärztliche Tests und Beobachtungen durchgeführt werden, weil daraus gefährliche Magenkrankheiten werden können.

*

Magenkrämpfe

Legen Sie sich mit einer warmen Wärmflasche auf der Magengegend ins Bett.

Bereiten Sie sich eine gute Teemischung: Bitterklee, Baldrian, Pfefferminzblätter und Pomeranzenblätter zu gleichen Teilen mischen und vor dem Essen 1 Tasse trinken.

Zur Vorbeugung trinken Sie am besten täglich 1 Tasse warmen Hagebuttentee.

Magenverstimmung

Schlafen Sie viel, am besten bei offenem Fenster.

Machen Sie Gymnastik am Morgen.

Essen Sie möglichst wenig.

Kochen Sie Kartoffeln weich, und legen Sie sie zerdrückt, in ein Leinentuch eingeschlagen auf den Magen.

Bereiten Sie sich einen Tee aus Kamille und Lindenblüten. 2 Eßlöffel davon mit ½ Liter Wasser überbrühen und 5 Minuten ziehen lassen. Gesüßt wird die Tasse mit einem Stück Würfelzucker, das mit Pfefferminzöl getränkt wurde.

Kauen Sie anstelle des Abendessens einige Walnüsse gut. Das haben schon die alten Römer gegen einen verdorbenen Magen gemacht.

*

Magenschmerzen

Trinken Sie eine Tasse Wermuttee.

Kauen oder schlucken Sie einige Kümmelkörner.

Legen Sie sich eine heiße Wärmflasche auf den Bauch.

Essen Sie einmal einen Tag lang nichts, höchstens Zwieback mit Kamillentee.

*

Magenschleimhautentzündung

Bei Magenschleimhautentzündung – auch Gastritis genannt – trinken Sie dreimal täglich folgenden Kräutertee.

25 Gramm Kamille, je 10 Gramm Pfefferminze und Tausendgüldenkraut und 5 Gramm Kümmel vermischen; 1 Teelöffel mit 1 Tasse Wasser überbrühen.

Trinken Sie vor jeder Mahlzeit eine Tasse Kalmustee.

Damit's mit der Verdauung klappt

Die besten Tips für Ihren Darm

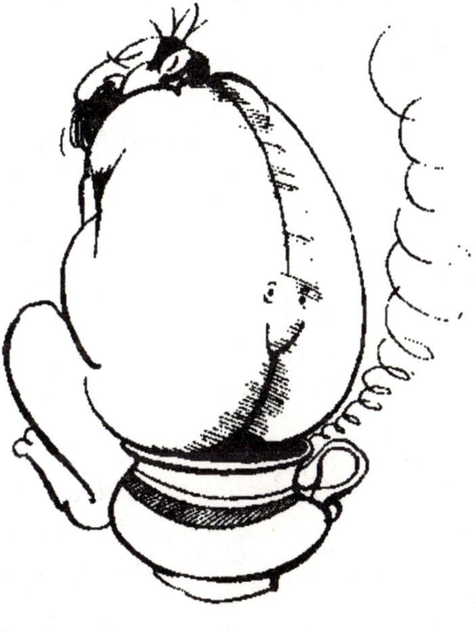

Darmkatarrh

Hat die ärztliche Untersuchung einen Darmkatarrh festgestellt, können Sie mithelfen, daß Sie schneller gesund werden.

Trinken Sie nur ungezuckerten Kamillentee, und reinigen Sie Ihren Darm durch 1 Eßlöffel Rizinusöl. Anschließend machen Sie sich Einläufe mit warmem Kamillentee.

Wenn die typischen Durchfälle aufgehört haben, gehen Sie zur flüssigen Nahrung über: Tee, Schleimsuppen, Eichelkakao, Eichelkaffee.

Machen Sie eine Darmspülung: Andorn, Baldrian, Kamille, Löwenzahnwurzel und Queckenwurzel werden zu gleichen Teilen vermischt.

Davon 2 Eßlöffel mit 1 Liter Wasser kalt ansetzen, aufkochen und warm als Einlauf geben. In Abständen von 5 Minuten, aber nicht öfter als dreimal.

Bereiten Sie sich einen idealen Darmkatarrhtee aus Zinnkraut, Fenchel, Schlehdornblüten, Wegwarte, Johanniskraut und Wacholder zu gleichen Teilen.

Täglich 1 Tasse lauwarm und schluckweise trinken, aber nicht länger als 2 Wochen.

*

Blähungen

Übergießen Sie 1 Teelöffel Fenchel- oder Kümmelsamen mit kochendem Wasser. Sieben Sie den Tee durch, und trinken Sie ihn lauwarm und ungesüßt.

Bereiten Sie sich Bauchaufschläge mit heißem Essigwasser, die alle 20 Minuten erneuert werden müssen.

Trinken Sie regelmäßig 1 Glas Milch, die mit Fenchel oder Kümmel gekocht wurde.

Trinken Sie 1 Glas Wasser, in dem Sie 6 Tropfen Kümmelöl oder Nelkenöl – oder beides – aufgelöst haben.

Durchfall

Bei sehr starkem Durchfall darf 24 Stunden lang keine Nahrung aufgenommen werden.

Erlaubt sind nur heiße Getränke wie ungesüßter Kamillentee oder leichter Schwarztee, den Sie in kleinen Schlücken trinken.

Im Anschluß an das Fasten kann man geriebene Äpfel mit Schale und Zwieback ohne Butter langsam zu sich nehmen.

Dann erst darf wieder Breikost einsetzen: Kartoffelbrei, Haferschleimsuppe, Reisschleim.

Getrocknete Heidelbeeren und schwarzer Tee stopfen.

Kindern sollten Sie eher ungezuckerten Fencheltee reichen.

Lösen Sie sechsmal am Tag 1 Teelöffel Heilerde in etwas Tee auf, und trinken Sie das.

Trinken Sie nie kalte Getränke. Sie reizen die Schleimhäute.

Bereiten Sie sich einen klassischen Durchfalltee aus Kamille, Eichenrinde, Salbei und Enzianwurzel zu gleichen Teilen.

Davon 1 Eßlöffel mit 1 Tasse Wasser aufkochen, durchsieben und mindestens 3 Tassen pro Tag trinken.

Übergießen Sie 10 Eßlöffel getrockneten Sauerampfer mit 1 Liter Wasser und kochen Sie das Ganze 10 Minuten auf kleiner Flamme; durchsieben und in einer Thermosflasche aufbewahren. Trinken Sie 4 Tassen täglich.

*

Verstopfung

Essen Sie ballastreiche Kost: Kartoffeln, Gemüse, Obst. Trinken Sie viel Flüssigkeit. Bewegen Sie sich regelmäßig und ausreichend.

Essen Sie morgens auf nüchternen Magen Dörrpflaumen, die Sie am Abend zuvor in Wasser eingeweicht haben.

Legen Sie sich eine Wärmflasche auf den Bauch.

Machen Sie sich einen Einlauf mit 125 Gramm warmem Sonnenblumenöl, und zwar abends, damit das Öl über Nacht im Darm bleibt. Morgens erfolgt dann die Entleerung.

Und hier ist ein guter Entstopfungstee: Je 20 Gramm Sennesblätter und Faulbaumrinde und 10 Gramm Fenchel gut vermischen.

Abends 1 Teelöffel davon auf 1 Tasse kaltes Wasser ansetzen, über Nacht ziehen lassen, abgießen und auf nüchternen Magen trinken.

Trinken Sie jeden Morgen nüchtern ein Glas kaltes Wasser.

Trinken Sie mehrmals am Tag ein Gläschen Apfelwein.

Essen Sie viel grobes Vollkorn- und Grahambrot. Gut kauen!

Trinken Sie morgens 1 Tasse Bohnenkaffee.

Rühren Sie sich vor jeder Mahlzeit frische Weizenkleie aus dem Reformhaus mit etwas Wasser an, und essen Sie sie.

Laufen Sie am Morgen rund ums Haus.

Massieren Sie jede Stunde die hintere Hälfte Ihrer Fußsohle kräftig.

*

Bandwurm

In allen Fällen von Bandwurmbefall muß unbedingt der Arzt entsprechende Medikamente verschreiben.

Essen Sie morgens auf nüchternen Magen 30 bis 60 geschälte Kürbiskerne mit etwas Fruchtmus vermischt. 2 Stunden später nehmen Sie 2 Eßlöffel Rizinusöl ein.

Vor dem Mittagessen genehmigen Sie sich rohe, geschabte Mohrrüben, und abends gibt es als Mahlzeit rohes Sauerkraut und Wermuttee.

Kochen Sie Knoblauch in Wasser auf, und trinken Sie diese Tinktur schluckweise mehrmals am Tag.

Mischen Sie sich einen Brei aus geschabten, rohen Möhren und Äpfeln, und essen Sie davon dreimal am Tag.

*

Madenwürmer

Die Wurmkur müssen alle Mitglieder der Familie mitmachen. Sonst steckt immer wieder einer den anderen an.

Nach jeder Stuhlentleerung und vor jeder Mahlzeit die Hände waschen. Und zwar mit Desinfektionsseife aus der Apotheke.

Die Fingernägel müssen kurz geschnitten und sauber sein.

In der Nacht muß man enganliegende Unterhosen tragen, damit man im Schlaf nicht in Versuchung gerät, sich am After zu kratzen, wenn ein Juckreiz einsetzt.

Reiben Sie den After abends mit einer Wundsalbe ein, die Sie sich am besten von Ihrem Hausarzt verschreiben lassen.

Essen Sie viel gekochte Möhren.

Bei starkem Wurmbefall muß der Arzt eine Wurmkur verordnen.

Bereiten Sie sich ein Knoblauchklistier: 1 Knoblauchzehe 20 Minuten in 1 Liter Wasser kochen und dann damit den Einlauf machen.

Ideal zum Abtöten der Madenwürmer: 2 Gramm Weinrautentee- oder Koriandersamen in Wasser aufkochen lassen und 1 Gramm Rainfarnblüten dazugeben. Schluckweise trinken.

Nehmen Sie täglich 1 Eßlöffel Erdrauchsaft aus dem Reformhaus ein.

Bereiten Sie sich einen idealen Antiwurmtee aus je 1 Teelöffel Kamillenblüten und Sennesblättern, 2 Teelöffeln Rainfarnblüten und 6 Teelöffeln Wermut.

1 Eßlöffel der Mischung auf 1 Tasse Wasser abkochen. Morgens und abends je 1 Tasse trinken, natürlich ungezuckert.

*

Hämorrhoiden

Achten Sie auf regelmäßigen Stuhlgang. Vermeiden Sie jede Verstopfung!

Betreiben Sie viel Gymnastik und Bewegung.

Trinken Sie entweder Knoblauchsaft, Heilerde oder Angelikawurzeltee mit Wermuttee, Brennesseltee mit Huflattichtee, Zinnkrauttee mit Wacholderbeeren sowie Spitzwegerichtee.

Ihre Nahrung sollte viele wasserhaltige Produkte enthalten: Gurken, Tomaten, Melonen, Sauerkraut, Rettich. Reiben Sie den Rettich und essen Sie ihn mit Brot.

Ein ausgesprochener Hämorrhoidentee ist eine Mischung aus Faulbaumrinde und Kümmel. Man nimmt von jedem für 1 Tasse 1 Teelöffel.

Setzen Sie sich täglich eine halbe bis eine Stunde auf ein nasses Tuch, oder nehmen Sie ein Sitzbad.

Reiben Sie sich den After vorsichtig mit Vaseline oder Lebertran ein. Sehr gut ist auch Penaten-Creme.

Nehmen Sie ein Eichenrindensitzbad: Ins Wasser, das bis zum Nabel reichen soll, kommt eine Handvoll Eichenrinde.

Noch besser ist es, wenn Sie selbstgekochten Eichenrindentee in die Wanne gießen – pro Wanne 2 Tassen voll.

Bereiten Sie einen Tee aus Angelikawurzeln, Ginsterblüten, Hirtentäschelkraut und Steinkleeblüten. Davon 1 Teelöffel in 1 Tasse Wein aufkochen. Diesen Weintee über Nacht stehen lassen.

Am Morgen trinken Sie 1 Tasse davon, und abends tauchen Sie einen Wattebausch hinein und legen sich diesen über Nacht auf die schmerzhaften Hämorrhoidenstellen.

Führen Sie sich ein Hamameliszäpfchen ein, und reiben Sie die Hämorrhoiden mit Hamamelissalbe ein.

Da kocht die Galle über

Die besten Tips für Ihre Galle und Leber

Gallenblasenbeschwerden

Fragen Sie auf jeden Fall Ihren Arzt um Rat.

Achten Sie auf regelmäßigen Stuhlgang.

Schneiden Sie einen Rettich in Scheiben, vermischen Sie ihn mit Honig und braunem Kandiszucker, und lassen Sie das Ganze 1 Stunde ziehen. Der Saft wird tagsüber löffelweise getrunken.

Verboten sind Speck, Schmalz, Schweinefleisch, Räucherwaren, Bohnenkaffee, Mayonnaise, Hülsenfrüchte, Kohl, eiskalte Getränke und Alkohol.

Den Genuß von Fett müssen Sie ganz stark einschränken.

Trinken Sie frischen Rettichsaft auf nüchternen Magen. Beginnen Sie mit 100 Gramm täglich und steigern Sie allmählich auf 300 Gramm.

Beim Abklingen der Entzündung geht man auf die Ursprungsmenge zurück. Die Kur sollte 2 Wochen nicht übersteigen.

Legen Sie abwechselnd heiße Dampfkompressen und kalte Aufschläge auf die schmerzenden Stellen.

Bei akuter Gallenblasenentzündung – nach Absprache mit dem Arzt – nur kalte Wickel.

*

Gallenkolik bei Gallensteinen

Machen Sie sich heiße Dampfkompressen auf die Leber- und Gallengegend.

Trinken Sie Pfefferminztee, Wermuttee oder Tee aus Tausendgüldenkraut.

So mancher hat seine Gallensteine bereits vertrieben, indem er täglich 1 Eßlöffel Olivenöl eingenommen und sich sonst nur von frischem Gemüse und Dörrpflaumen ernährt hat.

Trinken Sie mehrmals am Tag heiße Karlsbader Sprudelwasser.

Machen Sie sich Einläufe mit lauwarmem Wasser.

Legen Sie sich heiße Packungen aus zerdrückten gekochten Kartoffeln auf die Lebergegend. Heißer Leinsamenbrei hilft auch.

Bewegen Sie sich viel in frischer Luft, und machen Sie viel Gymnastik.

*

Leberfunktionsstörungen leichter Art

Wer einfach seine Leber vorbeugend aufbauen und leichte Funktionsstörungen beseitigen möchte, der trinkt zwischendurch 1 Woche lang Wegwartetee.

Dazu wird 1 Eßlöffel Wegwartewurzeln mit ¼ Liter Wasser kalt angesetzt, aufgekocht und muß 10 Minuten ziehen; dann abseihen und 3 Tassen täglich trinken.

Essen Sie viel Rettich.

Trinken Sie 6 Wochen lang Mariendisteltee, und zwar täglich 3 Tassen.

*

Leberbeschwerden

Wenn die Leber durch erhöhten Alkoholgenuß, vermehrte Aufnahme konservierter Nahrungsmittel oder viele Medikamente in ihrer Funktion gestört ist, kann man mit Naturmitteln vieles tun.

Trinken Sie 6 Wochen lang täglich dreimal je 1 Eßlöffel Artischockensaft aus dem Reformhaus, den Sie mit etwas Wasser verrühren.

Sie können aber auch täglich 1 bis 2 Tassen Artischockentee trinken, den Sie als Instantprodukt in der Apotheke bekommen.

Trinken Sie Dost- oder Mariendisteltee.

Essen Sie ein paar Tage lang nur Haferschleimsuppe.

*

Leberentzündung

Hat der Arzt bei Ihnen eine Leberentzündung festgestellt, können Sie sehr wohl auch zur Heilung beitragen.

Trinken Sie keinen Alkohol.

Essen Sie nur mager, und wählen Sie immer wieder Erbsen als Beilage. Sie sind reich an dem für die Leber so wichtigen Wirkstoff Selen.

Übergießen Sie Heublumen mit kochendem Wasser; nach 2 Minuten abseihen, ausdrücken, auf den Oberbauch legen und mit einem Tuch zudecken.

*

Leberschwellung

Bei einer Leberschwellung sollten Sie die Bemühungen des Arztes mit folgenden Tees unterstützen: Johanniskraut, Aloe, Wacholderbeeren,

Tausendgüldenkraut, Bitterklee, Schafgarbe, Zinnkraut oder Schlehdornblüten.

*

Gelbsucht

Hat der Arzt eine Gelbsucht festgestellt, können Sie die Behandlung sinnvoll durch strenges Fasten, durch Saft- und Rohkosttage unterstützen.

Meiden Sie tierische Fette und scharfe Gewürze.

Trinken Sie reichlich Kräutertees aus Pfefferminze, Mariendistel, Löwenzahnkraut und -wurzel, Schöllkraut, Zichorienwurzel und Ahorn.

Waschen Sie einmal am Tag den ganzen Körper mit Essigwasser ab.

Reiben Sie Ihren Körper gegen Juckreiz mit Zitronenscheiben ein.

Nehmen Sie zweimal in der Woche ein Vollbad mit Kleiezusatz: Rühren Sie 1 Kilo Kleie in einem Plastikeimer mit Wasser an, und geben Sie die Mischung dann in die Wanne.

Ein Fingerdruck gegen Impotenz, Rhabarber gegen Wechselbeschwerden

Die besten Tips für Ihre Sexualorgane

Manneschwäche oder Impotenz

Sprechen Sie sich mit Ihrem Partner und Ihrem Arzt aus.

Trinken Sie jeden Tag ¼ Liter Selleriesaft aus dem Reformhaus.

Essen Sie regelmäßig Artischocken, oder trinken Sie Artischockensaft.

Genießen Sie reichlich Ananas, süße Mandeln, Honig, Knoblauch, Spargel und Hafergerichte.

Kauen Sie viel rohe Petersilie.

Trinken Sie täglich 1 bis 2 Tassen Ginsengtee.

Machen Sie eine Blütenpollenkur: Besorgen Sie sich 1 Packung Lebensbaum-Blütenpollen oder Melbrosinpollen mit Gelee Royal.
Eine Kur dauert 30 Tage.

Lassen Sie dazu den Inhalt von 2 Kapseln am Morgen auf nüchternen Magen auf der Zunge zergehen, bis die Schleimhäute die Vitalstoffe daraus aufgenommen haben.

Reiben Sie den unteren Teil der Wirbelsäule täglich mit Knoblauch ein. Nachher mit Rosmarinöl massieren.

Lassen Sie sich in der Apotheke einen Kräutertee aus 4 Teilen Bohnenkraut, je 3 Teilen Veilchen und Brennesselsamen, 2 Teilen Blutwurz und 1 Teil Thymian mischen.

Davon 1 Eßlöffel in ¼ Liter kaltem Wasser 1 Stunde ansetzen, kurz aufkochen und 10 Minuten ziehen lassen. Abseihen und täglich 2 Tassen – morgens und abends – trinken.

Ein Geheimrezept: Die Nüsse von 15 Kirschkernen werden zerquetscht und mit 100 Gramm Weingeist übergossen. 4 Wochen lang ziehen lassen und dann abseihen. Morgens und abends je 1 Teelöffel davon einnehmen.

*

Prostataentzündung

Unterstützend zur ärztlichen Behandlung sollten Sie aufsteigende Zinnkrautbäder mit nachfolgendem kalten Aufguß nehmen.

Essen Sie nur reizlose Kost.

Genießen Sie abends heiße Fußbäder mit Holzasche.

*

Hodenentzündung

Hat der Arzt eine Hodenentzündung festgestellt, sollte der Patient die Hoden zwischen den Beinen auf einem kleinen Kissen lagern, damit sie nicht herabhängen und vermehrt Beschwerden verursachen.

Legen Sie Kompressen auf den Hodensack.

Bleiben Sie möglichst im Bett.

*

Frigidität der Frau

Trinken Sie 1 bis 2 Wochen lang täglich 1 Tasse Bohnenkrauttee, danach noch mal 1 bis 2 Wochen lang Pfefferminztee.

Legen Sie sich 40 Grad warmen Moorschlamm auf die Oberschenkel, und wickeln Sie Tücher darüber. ½ Stunde einwirken lassen und 1 Stunde im Bett bleiben. Nach dem Abwaschen die Haut mit Rosmarinöl oder Rosmarinsalbe einreiben.

Verwenden Sie bei Ihren Speisen viel von den folgenden Gewürzen: Basilikum, Bohnenkraut, Liebstöckel, Sellerie, Pfeffer, Zwiebel.

Trinken Sie täglich 1 Likörgläschen Salbeiwein: 20 frische Salbeiblätter werden 2 Wochen in 1 Liter Rotwein angesetzt und gut verschlossen ins Fenster gestellt; dann abseihen.

Knabbern Sie oft Walnußkerne.

*

Eierstock- und Eileiterentzündung

Halten Sie zusätzlich zur ärztlichen Behandlung unbedingt Bettruhe.

Spülen Sie die Scheide mit kühlem Wasser, dem Sie eine Messerspitze Kochsalz zugefügt haben.

Legen Sie sich Dampfkompressen auf.

Halten Sie den Unterleib und die Füße warm.

Essen Sie eine Zeitlang Rohkost.

Legen Sie sich Moorpackungen auf den Unterleib.

*

Gebärmutterentzündung

Die Behandlung des Arztes bei einer Gebärmutterentzündung können Sie ideal unterstützen.

Nehmen Sie Zinnkrautsitzbäder.

Trinken Sie Tee aus Hirtentäschel und Kreuzkraut.

*

Menstruationsbeschwerden

Trinken Sie morgens und abends je 1 Tasse Kräutertee: Eine Handvoll Andorn aus der Apotheke wird mit 1 Liter Wasser überbrüht; 15 Minuten ziehen lassen, durchseihen.

Lassen Sie sich vom Arzt über Moorkuren beraten. Damit erzielt man sehr oft große Erfolge.

Lassen Sie sich in der Apotheke aus Kamille, Quendel, Thymian zu gleichen Teilen einen Kräutertee mischen.

Davon 1 Eßlöffel mit 1 Tasse Wasser überbrühen, 10 Minuten ziehen lassen, durchseihen und bei starken Schmerzen trinken.

Bei einer sehr schmerzhaften Regel legen Sie sich mit einer Wärmflasche auf dem Unterleib ins Bett.

Zu schwache oder seltene Regel

Besuchen Sie einen Heilgymnastikkurs.

Legen Sie sich Moorpackungen auf.

Nachts sind Leibwickel ideal.

Mischen Sie 10 Gramm römische Kamille und 15 Gramm Melissenblätter mit etwas Rosmarin, und lassen Sie davon 1 Teelöffel in 1 Tasse Wasser aufkochen. Trinken Sie den Tee abends nach dem Abseihen.

Essen Sie vitaminreiche Kost.

*

Zu starke Regel

Legen Sie sich Essigtücher auf den Unterleib.

Trinken Sie Tee aus Zinnkraut, Mistel, Kreuzkraut und Hirtentäschelkraut.

Nehmen Sie zwischen den Perioden aufsteigende Fußbäder.

Schlafen Sie viel, und machen Sie regelmäßig Gymnastik.

*

Schwangerschaftsbeschwerden

Um die Beschwerden und schmerzhaften Zustände während der Schwangerschaft möglichst gering zu halten oder ganz zu bekämpfen, sollten Sie die folgenden Ratschläge beachten.

Während der Schwangerschaft ist nicht die Menge der Nahrung wichtig, sondern die richtige Dosierung und Zusammensetzung.

Eine schwangere Frau soll höchstens 20 Prozent mehr Kalorien zu sich nehmen als sonst. 2700 Kalorien pro Tag sind genug.

Vorsicht bei der Einnahme von Medikamenten, vor allem in den ersten drei Monaten. Das Kind kann einen Schaden davontragen.

Hören Sie mit dem Rauchen auf. Raucherinnen bekommen häufig Frühgeburten oder untergewichtige Kinder.

Trinken Sie keine alkoholischen Getränke.

Nach dem dritten Schwangerschaftsmonat sollten Sie bei den Speisen weniger Kochsalz verwenden. Pfeffer, Curry, Paprika aber sind erlaubt.

Legen Sie Wert auf Schwangerschaftsgymnastik.

Bei geringsten Schmerzen oder außergewöhnlichen Beschwerden müssen Sie sofort den Hausarzt alarmieren.

*

Wechselbeschwerden

Nehmen Sie zweimal in der Woche vor dem Schlafengehen ein Wannenbad mit Fichtennadelzusatz.

Nehmen Sie viel Milchprodukte zu sich. Ihr Körper braucht Kalzium.

Trinken Sie dreimal täglich 1 Tasse von folgendem Tee: Mischen Sie je 2 Teile Pfefferminze und Kamillenblüten und 1 Teil Baldrian. 1 Teelöffel mit 1 Tasse Wasser überbrühen und 15 Minuten ziehen lassen.

Nehmen Sie Gelee Royal in Ampullen aus der Apotheke zu sich.

Nehmen Sie täglich 2 Eßlöffel Johanniskraut in etwas Wasser oder Johanniskrautkapseln ein.

Trinken Sie viel Frauenmanteltee.

Trinken Sie Schafgarbensaft aus dem Reformhaus oder aus der Apotheke.

Bürsten Sie täglich trocken Ihre Haut.

Meiden Sie Alkohol und Nikotin.

Essen Sie nur soviel, um den Hunger zu stillen.

Würzen Sie mit wenig Salz, und meiden Sie scharfe Gewürze.

Bereiten Sie sich einmal in der Woche – im Frühling und im Sommer – Rhabarberkompott, oder essen Sie den Rhabarber gleich roh.

Machen Sie sich einen Geheimtrank gegen Wechselbeschwerden: Mischen Sie je 10 Gramm Pfefferminze, Rhabarber, Schafgarbe, Sennesblätter, Faulbaumrinde und 20 Gramm Baldrian.

3 Eßlöffel davon mit 3 Tassen Wasser überbrühen, 15 Minuten ziehen lassen und abseihen. Eine Tasse trinken Sie jeweils frisch. Den Rest nehmen Sie schluckweise über den Tag verteilt aus der Thermoskanne.

Erst schmerzt das Knie und dann der Po

Die besten Tips für Ihre Muskeln, Gelenke und Knochen

Schmerzen im Bewegungsapparat sind meistens eine Reizung durch Über- oder Fehlbeanspruchung. Man darf aber nicht außer acht lassen, daß auch rheumatische oder infektiöse Entzündungen vorliegen können, die natürlich eine andersgeartete Behandlung erfordern.

*

Muskelkater

Haben Sie sich einen Muskelkater geholt, so darf der betroffene Muskel tags darauf nicht wieder überbeansprucht werden, darf aber auch nicht ruhen. Also: leichte Gymnastik.

Gehen Sie in die Sauna.

Nehmen Sie ein heißes Bad, und lassen Sie sich danach massieren.

Reiben Sie die schmerzenden Muskeln mit einem Hautfunktionsöl ein.

Reiben Sie die Muskelpartien mit sogenanntem Tigerbalsam ein, eine über 400 Jahre alte Salbe aus dem Fernen Osten. Sie enthält Nelkenöl, Zimtöl, Pfefferminzöl, Menthol, Kampfer und hilft sehr schnell.

Vorbeugend gegen Muskelkater bei weiten Wanderungen: viel Müsli, Haferflocken und Milchprodukte als Nahrung. Das sollten auch Radfahrer essen, die oft unter Muskelkater leiden.

*

Muskelschmerzen

Nehmen Sie zweimal in der Woche möglichst heiße Heublumenvollbäder.

Legen Sie sich Dampfkompressen auf die schmerzenden Stellen.

Trinken Sie Tees aus Weidenrinde, Pappelrinde, Eschenrinde, Sandseggenwurzel, Schilfwurzel und Riedgraswurzel.

Trinken Sie schluckweise heißen, schweißtreibenden Holunderblütentee – 1 Teelöffel Holunderblüten auf 1 Tasse heißes Wasser – und legen Sie sich schlafen. Aber decken Sie sich gut zu!

Sorgen Sie dafür, daß Sie nie kalte Füße haben.

Nehmen Sie Sonnenbäder, soviel Sie vertragen.

Genießen Sie ein heißes Wannenbad bis zu 39 oder 42 Grad. Sprechen Sie sich vorher aber mit dem Arzt über die Verträglichkeit ab. Kühl abduschen!

Ernähren Sie sich mit viel Honig anstelle von Zucker, mit viel Vollkornprodukten und wenig Fleisch, mit viel rohem Obst und Gemüse.

Massieren Sie im Rahmen der Fußzonenmassage die innere vordere Kante der Fußsohle bis zur Wurzel der großen Zehe.

*

Muskelkrampf

Entspannen Sie den betroffenen Körperteil ganz bewußt.

Waschen Sie den verkrampften Muskel ab, und legen Sie einen kühlen Wadenwickel an.

Massieren Sie den Muskel.

Nehmen Sie einen Löffel voll Lebertran ein. Es kann auch Keimöl sein.

*

Muskelentzündung

Legen Sie beruhigende Umschläge aus Heilerde und Lehm auf.

Streichen und massieren Sie sanft die schmerzende Stelle, und gießen Sie kaltes Wasser darüber.

Machen Sie sich kalte Essigwasserumschläge.

*

Seitenstechen

Bücken Sie sich zwei- bis dreimal tief zu Boden. Lassen Sie dabei die Arme zu Boden hängen. Und beim Aufrichten atmen Sie tief durch.

Legen Sie sich einen warmen Brustwickel an: Tauchen Sie ein Leinentuch in etwa 37 Grad warmes Wasser, wringen Sie es aus, falten Sie es, und legen Sie es ganz glatt und ohne Falten auf die Brust.

Darüber geben Sie ein trockenes Leinentuch und eine Wolldecke. Nach 20 Minuten entfernen Sie den Wickel. Bis dahin ist das Seitenstechen sicher längst vorbei.

Und hier ein Anti-Seitenstechen-Tee: Kümmel, Fenchel, Anis, Thymian, Kalmuswurzel werden zu gleichen Teilen gemischt. Für 1 Tasse Tee braucht man 2 Teelöffel. Der Tee muß 3 Minuten kochen.

Geben Sie diesen Tee in eine Thermoskanne, und nehmen Sie vor den Mahlzeiten immer 3 Eßlöffel davon. Das Seitenstechen kommt aber nur dann nicht wieder, wenn Sie die Prozedur regelmäßig durchführen.

Meiden Sie Nahrungsmittel, die den Darm belasten: Kohl, Hülsenfrüchte, frische Teigwaren und frisches Gebäck.

*

Gliederschmerzen

Nehmen Sie sich ein Kräuterkissen mit ins Bett, so daß die ätherischen Öle sich in der Bettwärme entfalten und Ihren Gliedmaßen helfen können.

Kräuterkissen können Sie in der Drogerie fertig kaufen, aber auch selber machen.
Füllen Sie dazu die folgenden Kräuter in ein Kissen aus Baumwollstoff: Thymian, Ysop, Rautenkraut und Salbei.

Massieren Sie die schmerzenden Glieder mit Latschenkiefernöl aus der Apotheke. Sie können aber auch Franzbranntwein oder Melissengeist verwenden.

*

Hexenschuß

Legen Sie sich heiße Heublumensäcke oder Dampfkompressen auf die schmerzenden Stellen. Der Heublumensack darf nur im Wasserdampf erhitzt sein; er darf nicht naß sein. Über den Heusack wird ein Wolltuch gelegt.

Ein altes Hausrezept: Reiben Sie die betreffende schmerzende Körperstelle mit einem Brei aus Senfmehl und Honig ein, der mit einem Leinentuch abgedeckt wird.

Nehmen Sie Vollbäder mit Heublumenzusatz.

Reiben Sie sich mit Franzbranntwein oder Brennesselspiritus ein.

Machen Sie leichte Gymnastik.

Lassen Sie am Morgen unter der heißen Dusche das Becken kreisen. Nach 10 Minuten trockenfrottieren und den Nacken massieren.

Lassen Sie sich in der Apotheke aus schwarzen Johannisbeerblättern, Weidenrinde, Birkenblättern, Holunderblüten und Baldrianwurzeln zu gleichen Teilen einen Kräutertee mischen.

1 Eßlöffel davon mit ¼ Liter kochendem Wasser überbrühen, 10 Minuten ziehen lassen, durchseihen und 3 Tassen am Tag ungesüßt trinken.

Achten Sie auf eine aufrechte Körperhaltung.

Kaufen Sie sich Heillehm in der Apotheke, rühren Sie ihn heiß an, streichen Sie ihn auf die schmerzenden Stellen. Dann ein Plastiktuch darauf und ein Wolltuch darüber. Nun soll der Lehm eine ganze Nacht lang einwirken.

Versuchen Sie es mit Fußzonen-Reflexmassage: Drücken Sie 2 Minuten lang die innere hintere Fußsohlenkante.

Waschen Sie die schmerzende Körperstelle mit Essigwasser.

Vermeiden Sie körperliche Überanstrengungen.

*

Ischias

Ischias muß unbedingt vom Arzt behandelt und kontrolliert werden.

Legen Sie sich bei jähen Schmerzen bäuchlings auf ein Bett oder auf einen Tisch, und schieben Sie sich mehrere Polster unter den Bauch, so daß Ihr Gesäß den höchsten Punkt des Körpers bildet. In dieser Lage müssen Sie ein, zwei Stunden liegenbleiben.

Legen Sie sich auf den Rücken, und lagern Sie die Beine so hoch, daß die Oberschenkel zum Rumpf einen rechten Winkel bilden. So bleiben Sie eine Stunde liegen.

Wippen Sie im Stehen mit den Fingern zu den Zehen hinunter. Danach hüpfen Sie leicht auf den Zehenspitzen umher.

Reiben Sie die Schmerzstellen mit Rosmarinöl oder Arnikatinktur ein.

Lassen Sie sich folgenden Antiischiastee in der Apotheke mischen: Ehrenpreis, Birkenblätter, Wacholder, Bohnenschalen, Stiefmütterchen und Hauhechel sowie Baldrian und Hopfen zu gleichen Teilen.

Davon wird 1 Eßlöffel mit 1 Liter Wasser kurz aufgekocht und abgegossen. Durchseihen und pro Tag 3 Tassen jeweils 20 Minuten vor dem Essen trinken.

Die Fußzonen-Reflexmassage: Drücken Sie den Daumen in die Fußsohle, und zwar gleich beim Fersenballen. Zusätzlich drücken Sie die innere Fersenkante.

*

Sehnenscheidenentzündung

Stellen Sie den Muskel ruhig. Keine Belastung!

Legen Sie feuchtkühle Packungen auf.

Warme Bäder und sanfte Massagen führen zu rascher Heilung.

Nachts tut ein warmer Ölwickel Ihrer Entzündung gut.

*

Gelenkschmerzen

Reiben Sie die schmerzenden Stellen mit Franzbranntwein ein. Sehr wirksam sind auch Brennesselspiritus oder Rosmarinspiritus aus der Apotheke oder Drogerie.

Reiben Sie die schmerzenden Gelenke mit Birkenöl ein. Vorher muß der Haut aber viel Wärme zugeführt werden, damit sich die Poren entsprechend öffnen und das Öl einwirken lassen.

Und so bereiten Sie sich Ihr eigenes Birkenöl: 1 Eßlöffel frischgepflückter, zerkleinerter Birkenblätter wird mit 4 Eßlöffeln kaltgepreßtem Olivenöl vermischt.

14 Tage muß das Ganze in einem Glas in der Sonne stehen. Dann durchseihen und kühl und dunkel in einer Flasche lagern.

Trinken Sie dreimal täglich folgenden Kräutertee: 3 Teile Johanniskraut, 2 Teile Heidekraut, 4 Teile Goldrute, 5 Teile Lindenblüten.

1 Eßlöffel davon mit 1 Liter kochendem Wasser überbrühen, 12 Minuten ziehen lassen, durchseihen und warm trinken.

*

Gelenkrheumatismus

Stellen Sie Ihren Speiseplan für längere Zeit gänzlich auf Säfte und Rohkost um. Essen Sie viel Orangen, Kiwis und täglich eine Avocado.

Waschen Sie die betroffenen Gelenke mit Essigwasser.

Trinken Sie täglich Tee aus Weidenrinde, Pappelrinde, Mädelsüßkraut, Sandseggenwurzel, Stiefmütterchen, Binsen- und Schilfwurzel.

Einmal in der Woche tut Ihnen ein Heublumenbad gut.

Auch Lehmauflagen helfen den schmerzenden Gelenken. Der Lehm aus der Apotheke muß als heißer Brei aufgetragen werden.

Ebenso erfolgreich können auch Moorbäder, Schlammpackungen und Fangopackungen sein.

Bereiten Sie einen Aufguß von je 20 Gramm Goldrute und Stiefmütterchen und 10 Gramm Weidenrinde. Geben Sie zweimal täglich je 1 Teelöffel auf 1 Tasse siedendes Wasser, und trinken Sie den Tee noch sehr warm.

Entschlacken Sie Ihren Körper regelmäßig mit Hilfe von Zinnkrauttee: 1 Teelöffel Zinnkraut auf 1 Liter Wasser; einmal am Tag schluckweise trinken.

*

Gicht

Wenn Sie von Ihrem Arzt gegen Gicht behandelt werden, können Sie die Therapie sehr gut mit Naturmethoden unterstützen.

Stellen Sie den Speiseplan überwiegend auf vegetarisch um. Verzichten Sie vor allem auf Schweinefleisch, Rindfleisch sowie auf alle Wurstsorten.

Während eines Gichtanfalls legen Sie heiße, zerdrückte Kartoffeln auf die schmerzende Körperstelle. Auch ein heißer Heublumensack bringt Erfolg.

Gewöhnen Sie sich ans tägliche Wassertreten in kaltem Wasser in der Wanne.

Trinken Sie mehrmals am Tag Walnußschalentee.

Trinken Sie dreimal täglich Haferstrohtee: 1 Eßlöffel kleingeschnittenes Haferstroh aus der Apotheke wird mit 1 Liter Wasser übergossen und abgekocht; 5 Minuten ziehen lassen und durchseihen.

Reiben Sie die schmerzenden Stellen mit Weinessigwasser ein, und legen Sie außerdem Honigpflaster auf.

Lassen Sie sich in der Apotheke folgenden Kräutertee gegen Gicht mischen: 5 Teile Wacholderbeeren, 4 Teile Lavendelblüten, je 3 Teile Faulbaumrinde und Sennesblätter und 1 Teil Labkraut.

1 Eßlöffel davon wird mit 1 Tasse Wasser überbrüht. 10 Minuten ziehen lassen, durchseihen und dreimal täglich 1 Tasse trinken. Nicht länger als drei Wochen; dann eine Pause einlegen.

Bei Fußgicht legen Sie ein Gemisch aus Quark, zerhackten Zwiebeln und Schweinefett auf und binden ein Leinentuch darüber. Erneuern Sie die Auflage öfter.

Reiben Sie sich die schmerzenden Stellen mit Rosmarinöl ein. Tauchen Sie sie vorher in kaltes Wasser, und trocknen Sie sie dann gut ab.

*

Arthritis

Unterstützen Sie Ihren Arzt, wenn Sie wegen Arthritis der Gelenke in ärztlicher Behandlung sind, durch natürliche Methoden.

Stellen Sie Ihre Ernährung auf Rohkost um, oder leben Sie zumindest streng vegetarisch.

Waschen Sie die betroffenen Gelenke mehrmals am Tag mit Essigwasser.

Trinken Sie dreimal am Tag 1 Tasse Tee. Wechseln Sie ab zwischen Weidenrindentee, Pappelrindentee, Mädelsüßkrauttee, Sandseggenwurzeltee, Binsen- und Schilfwurzeltee.

*

Arthrosen

Hat der Arzt eine Arthrose festgestellt, also nichtentzündliche Entartungsvorgänge am Gelenksapparat, dann sollten Sie ein wenig mithelfen, Ihren Zustand zu verbessern. Eine Heilung ist allerdings nicht möglich.

Bestrahlen Sie die Gelenke täglich einmal mit Infrarotstrahlern. Halten Sie sich genau an die Anweisung, die der Bestrahlungslampe beiliegt.

Trinken Sie dreimal täglich 1 Tasse Weidenrindentee.

Lassen Sie sich von Ihrem Arzt eine entsprechende Moor- oder Thermalkur verschreiben.

*

Hüftschmerzen

Kontrollieren Sie ständig Ihr Körpergewicht, und achten Sie darauf, daß Sie ab- und nicht zunehmen.

Reiben Sie sich Ihre Hüften täglich mit Rosmarinöl aus der Apotheke ein.

Lassen Sie sich Ihre Zähne untersuchen und Eiterherde entfernen.

Machen Sie sich feuchtheiße Heidekraut-auflagen auf die Hüften. 2 Handvoll kleingeschnittenes, getrocknetes Heidekraut aus der Apotheke werden mit etwas Wasser übergossen; dann etwas auf heißer Platte ziehen lassen.

Das nasse Kraut in ein Leinensäckchen füllen, flachdrücken und auf die betreffenden Stellen auflegen. Ein trockenes Tuch darüber legen. Nach dem Abtrocknen – nach etwa 2 Stunden – mit Latschenkiefernöl einreiben.

*

Meniskusverletzung

Wer sich durch Sport oder Unfall eine Meniskusverletzung im Knie zuzieht, sollte sich sofort lauwarme Wickel ans Kniegelenk anlegen. Versetzen Sie das Wasser mit etwas Essig.

*

Verrenkungen und Verstauchungen

Stellen Sie das Gelenk sofort ruhig, und lagern Sie es hoch.

Versuchen Sie niemals, das Gelenk selbst einzurichten.

Lassen Sie sich von einem Arzt einen Druckverband anlegen.

Legen Sie Heilerde auf, oder machen Sie wechselwarme Kneippgüsse.

Massagen, Bäder und Bewegungsübungen dürfen erst nach ein paar Tagen erfolgen.

*

Knochenbruch

Sofort den Arzt oder Krankenwagen alarmieren!

Inzwischen den gebrochenen Körperteil ruhig lagern, aber nicht verändern. Am besten umgibt man ihn mit harten Gegenständen wie Schreibmaschinenkoffer, Aktentasche oder Steinen.

Alles weitere muß Fachleuten überlassen bleiben.

Knochenerweichung

Hat der Arzt eine Knochenerweichung – auch Rachitis genannt – festgestellt, so kann man die Behandlung ideal unterstützen.

Nehmen Sie mehrmals am Tag Lebertran und Keimöl, aber auch schwarzes und weißes Knochenmehl aus der Apotheke zu sich.

Machen Sie eine Sonnenkur im Hochgebirge, und essen Sie viel rohes Obst und Gemüse. Sehr gesund sind auch reichlich Milch und Milchprodukte.

Essen Sie Vollkornbrot!

Begnadete Hände

Die besten Tips für Ihre Hände

Nagelbettentzündung

Legen Sie die Hände in ein heißes Seifenwasserbad, und reiben Sie anschließend die Fingerkuppen mit Harzsalbe oder Propolissalbe ein.

Legen Sie sich Bockshornkleesamenbrei auf die Hände. Das wirkt sich positiv gegen die Eiterung aus.

Machen Sie sich Umschläge mit Leinsamen, Lehm oder Heilerde auf Arme und Hände.

Halten Sie die Finger in Kamillentee oder Osterluzeitee.

*

Nagelfalzentzündung

Sorgen Sie für vitaminreiche und mineralhaltige Ernährung.

Gönnen Sie Ihren Fingern regelmäßig heiße Bäder mit Heublumen, mit Essig und Salzzusatz. Lassen Sie die Hände 15 Minuten darin ruhen. Dann gießen Sie kaltes Wasser nach.

Auch heiße Kamillenbäder führen zum Erfolg.

*

Weiche Fingernägel

Zu weiche Fingernägel reibt man täglich mit Zitronensaft ein.

*

Brüchige Fingernägel

Brüchige Nägel badet man abends in heißem Eichenrindentee und reibt sie anschließend mit Lanolinsalbe ein.

Essen Sie reichlich Hirsegerichte und Rohkost.

50 Gramm Mandelöl, 20 Gramm Rizinusöl und 0,5 Gramm Borsäure werden vermengt. Tränken Sie darin einen Wattebausch, und legen Sie ihn der Reihe nach um jeden Fingernagel, so daß die Flüssigkeit gut einwirken kann.

Sie können die Fingerspitzen aber auch eine halbe Stunde in diese Flüssigkeit legen. Das ist eine Frage der Zeit. Diese Kur sollten Sie einen Monat lang täglich machen.

*

Glanzlose Fingernägel

Glanzlose Fingernägel pflegen Sie mit der folgenden selbstgemachten Paste: 50 Gramm Zitronensaft, 10 Gramm Glyzerin und 1 Gramm Benzoetinktur werden in einem Becher verrührt.

Damit bestreichen Sie täglich einmal die Fingernägel. Reiben Sie die Paste kräftig ein. Lassen Sie sie 15 Minuten einwirken, und wischen Sie sie dann erst weg.

*

Gerötete, rissige Hände

Legen Sie die Hände regelmäßig in warme Milch, zu gleichen Teilen gemischt mit medizinischem Alkohol.

Reiben Sie die Hände mit Propolissalbe ein.

*

Rauhe Hände

20 Gramm Mandelöl, 30 Gramm reines Glyzerin, 50 Gramm Zitronensaft und 20 Gramm Kölnischwasser in eine Flasche füllen und gut durchschütteln.

Nehmen Sie davon täglich kleinste Mengen, und massieren Sie sie in die Hände.

Verrühren Sie ½ Teelöffel Zucker mit etwas Babyöl, und massieren Sie diese Mischung einige Minuten ein. Anschließend die Hände mit Seife waschen.

*

Splitter im Finger

Halten Sie den Finger über ein Gefäß mit engem Ausgang, in das Sie heißes Wasser gefüllt haben. Dadurch wird die verletzte Stelle dem Dampf ausgesetzt, die Haut weicht stark auf, und der Splitter kann jetzt ganz leicht herausgedrückt werden.

Wenn Sie den Splitter nicht sehen können, betupfen Sie die Stelle mit Jod. Der Splitter verdunkelt sich und kann nun mühelos entfernt werden.

*

Stachel im Finger

Um einen Kakteenstachel, der in der Haut steckengeblieben ist, zu entfernen, gibt man flüssiges Wachs auf die Stelle. Kurze Zeit in kaltes Wasser tauchen und abziehen. Der Stachel wird auf diese Weise mit herausgezogen.

*

Faltige Hände

50 Gramm Weizenkleie und 20 Gramm Bockshornkleesamen werden 5 Minuten lang in 1 Liter Wasser gekocht, abgekühlt und abgeseiht. In dieser Abkochung waschen Sie Ihre Hände.

Meiden Sie zum Händewaschen normales Wasser, und nehmen Sie keine Seife.

Bereiten Sie sich Ihre eigene Seife zur Verjüngung der Hände: Je 50 Gramm

Roßkastanienmehl und Hafermehl und
30 Gramm Mandelmehl werden mit
Olivenöl vermischt.

*

Handschweiß

Duschen Sie die Hände zuerst heiß, dann kalt.
1 Minute heiß – 10 Sekunden kalt.

Reiben Sie die Hände zweimal am Tag mit
Franzbranntwein ein.

Waschen Sie die Hände in einer Mischung aus
3 Teilen Wasser und 1 Teil Apfelessig.

Trinken Sie jeden Tag 3 Tassen Salbeitee. Pro
Tasse brauchen Sie 1 Teelöffel Salbei, der mit
kochendem Wasser übergossen wird und
10 Minuten ziehen muß.

Eine Kur gegen Handschweiß dauert meist bis
zu 3 Monaten. Also – haben Sie Geduld!

*

Hausfrauenhände

Wer zu trockener, spröder und aufgesprungener Haut an den Händen neigt, sollte sie zweimal täglich mit Honigwasser einreiben, und zwar besonders nach dem Spülen und nach schwerer Hausarbeit.

Dazu vermischt man 1 Teelöffel Honig und 20 Gramm Glyzerin in ½ Liter warmem Wasser und bewahrt das Ganze in einer gut verschlossenen Flasche auf. Die Lösung hält sich sehr lange.

Geflügelte Beine

Die besten Tips für Ihre Füße und Beine

Eingewachsene Fußnägel

Laufen Sie häufig barfuß.

Baden Sie die Füße in Zinnkrautabkochungen.

Schneiden Sie den Nagel nur in der Mitte. Am besten feilen Sie nur.

Legen Sie während der Nacht Ölwickel an.

*

Fußpilz

Gehen Sie sofort zum Hausarzt. Die Behandlung darf nur unter seiner Kontrolle durchgeführt werden. Aber auch Sie können sofort etwas dagegen tun.

Baden Sie die Füße jeden Abend in einer Zinnkrautabkochung, und zwar 20 Minuten lang. Anschließend nicht abspülen.

Nun umwickeln Sie die Füße mit einem Leinentuch. Lassen Sie es die ganze Nacht darauf, und spülen Sie die Füße erst am nächsten Morgen lauwarm ab.

Streuen Sie tagsüber Heilerdepulver auf die kranken Hautstellen.

Ziehen Sie während der gesamten Behandlungszeit nie Perlon- oder Nylonstrümpfe an. Tragen Sie nur Baumwollstrümpfe und luftige Schuhe.

*

Fußschweiß

Tragen Sie keine Socken oder Strümpfe aus Kunststoff.

Wechseln Sie die Socken täglich.

Laufen Sie im Sommer viel barfuß umher.

Nehmen Sie zweimal in der Woche ein Fußdampfbad.

Machen Sie sich täglich ein Fußbad mit Holzasche und Kochsalz: 2 Handvoll Asche, 2 Handvoll Salz.

30 Gramm Salbeiblätter in 1 Liter kaltem Wasser ansetzen, aufkochen, 5 Minuten ziehen lassen, abseihen. 1 Liter warmes Wasser und 2 Eßlöffel Weinessig dazugeben und darin die Füße gründlich baden.

Trinken Sie Salbei-, Schafgarben- oder Holundertee.

Meiden Sie Bier, Wein, Kaffee, Essig und Käse. Nehmen Sie dafür viel Milchprodukte, Früchte und Gemüse zu sich.

80 Gramm Eichenrinde, 50 Gramm Thymian, 40 Gramm Walnußblätter, je 30 Gramm Pinienspossen und Weidenrinde und 20 Gramm Eukalyptusblätter 15 Minuten in 3 Liter Wasser kochen.

Baden Sie die Füße morgens und abends in dieser Flüssigkeit. Nach 3 Tagen machen Sie eine Pause, kochen eine Portion Spinat und legen sich diesen 1 Stunde auf die Füße. Danach mit lauwarmem Wasser abwaschen.

*

Hühneraugen

Baden Sie den betroffenen Fuß jeden Abend in heißem Seifenwasser, und beseitigen Sie danach vorsichtig die oberste Hornschicht.

Tränken Sie alle 2 Stunden einen Lappen in Zitronensäure, und legen Sie diesen auf das Hühnerauge.

Versuchen Sie ein uraltes Hausmittel: Binden Sie eine Zwiebelscheibe auf das Hühnerauge, bis sich der Kern der Hornhaut löst. Dann nehmen Sie ein heißes Fußbad.

Tragen Sie in der Freizeit Kneippsandalen.

Zur Vorbeugung sollten Sie bequemes Schuhwerk anziehen und alte, ausgetragene Schuhe wegwerfen, wenn deutliche Druckstellen zu merken sind.

Kalte Füße

Sie sollten täglich zweimal ein paar Minuten wassertreten. Anschließend erfolgt ein kalter Knieguß.

Nehmen Sie abends heiße Fußbäder mit 2 Handvoll Holzasche und 2 Eßlöffeln Salz.

Essen Sie Hirsespeisen.

Laufen Sie zuhause barfuß im Stand. Täglich 10 Minuten.

Genießen Sie ein Wannenbad mit einem Absud aus Roßkastanien. Die Roßkastanien müssen vor dem Abkochen aufgeschnitten werden.

Auch ein Wannenbad mit Rosmarinabsud ist sehr hilfreich.

Nehmen Sie 4 Wochen lang jeden Abend folgendes Wechselbad für die Füße: Zuerst 5 Minuten bei 40 Grad, dann kalt übergießen.

Oder 1 Minute heißes Wasser und 5 Sekunden kaltes Wasser. Sechsmal wechseln und immer mit kaltem Wasser aufhören.

*

Frostbeulen

Baden Sie Ihre Füße in heißem Zinnkrauttee oder Eichenrindentee.

Bei Eiterungen helfen Waschungen mit Kamillen- oder Osterluzeiaufguß.

Machen Sie Umschläge mit Heilerdebrei.

Gönnen Sie Ihren Füßen ein Wechselbad: 5 Minuten in heißem Wasser, 5 Sekunden in kaltem Wasser. Wiederholen Sie den Vorgang.

*

Geschwollene Füße

Reiben Sie die Füße abends mit Kampferspiritus ein. Massieren Sie dabei von der Zehenspitze hinauf bis zum Knie.

Sie sollten zwei- bis dreimal täglich in der Badewanne wassertreten.

Je 50 Gramm Holunderblüten und Lindenblüten werden 10 Minuten lang in 1 Liter Wasser gekocht, filtriert und kalt gestellt.

Mit dieser Flüssigkeit tränken Sie zwei Tücher und wickeln damit abends die Füße ein. Legen Sie sich flach hin, und lassen Sie die Wickel etwa ½ Stunde einwirken; nachher massieren.

*

Fußschmerzen

Massieren Sie die Füße mit Propolissalbe.

Nehmen Sie ein Fußbad in Beinwellwurzeltee oder Kamillentee.

*

Müde Beine

Baden Sie die Beine in Salzwasser, und reiben Sie sie danach mit einer Zitronenscheibe ein.

Zerstampfen Sie eine geschälte Gurke zu einem Brei, und füllen Sie diesen in ein Paar Socken. Ziehen Sie die Socken vor dem Schlafengehen an, und lassen Sie die Mixtur eine ganze Nacht einwirken.

Am nächsten Morgen nehmen Sie ein Spezialfußbad: 2 Teile Walnußblätter und je 1 Teil Efeublätter, Lorbeerblätter und Thymian 15 Minuten in 3 Liter Wasser kochen. 2 Eßlöffel Salz und 1 Eßlöffel Natron dazugeben und 15 Minuten die Füße darin baden.

*

Krampfadern

Ziehen Sie unbedingt einen Arzt zurate.

Massieren Sie die Beine mit Ringelblumensalbe ein.

Lagern Sie die Beine so oft wie möglich recht hoch auf Polster oder Kissen.

Reiben Sie Propolissalbe auf die betroffenen Stellen.

Tauchen Sie Wollstrümpfe in Essigwasser, und tragen Sie diese über Nacht. Am besten ziehen Sie ein Paar trockene Socken darüber.

Trinken Sie regelmäßig Tee von der weißen Taubnessel: 2 Teelöffel mit 1 Liter kochendem Wasser überbrühen, 15 Minuten ziehen lassen und durchseihen.

Sie sollten viel radfahren und wandern.

Trinken Sie regelmäßig schwarzen Holundersaft.

Ernähren Sie sich eine Zeitlang von Rohkost.

Massieren Sie die Beine mit Öl, aber immer von unten nach oben.

Legen Sie sich auf den Rücken, strecken Sie die Beine 10 Mal senkrecht hoch, und senken Sie sie wieder gestreckt. Dann ziehen Sie die Knie 5 Mal zum Brustkorb heran und strecken sie wieder.

Jetzt setzen Sie sich 10 Mal von der Rückenlage auf, beugen sich mit vorgestreckten Armen weit über die Füße und legen sich dann wieder zurück.

Zuletzt 10 Mal die Beine senkrecht hochstrecken, Knie anwinkeln, wieder strecken und Beine zurückbiegen.

Bereiten Sie selbst ein Anti-Krampfadern-Bad aus 3 Teilen Kamille und je 1 Teil Walnußblättern und Kalmuswurzeln. 2 Eßlöffel davon mit ½ Liter siedendem Wasser aufgießen und ins Badewasser geben.

Bei Krampfadern sollten Sie nie heiß baden.

*

Wadenkrampf

Bei einem Anfall auf den Rücken legen und die Beine leicht spreizen, die Augen schließen und ruhig atmen.

Trinken Sie 1 Tasse Baldriantee. 1 Teelöffel genügt für 1 Tasse. Sie können aber auch 10 bis 20 Tropfen von einer gekauften Baldriantinktur einnehmen.

Massieren Sie die Waden, und schütteln Sie die Beine.

Nehmen Sie ein ansteigendes Fußbad von 35 bis 42 Grad. Anschließend müssen die Beine mit kaltem Wasser übergossen werden.

Laufen Sie viel barfuß.

*

Offenes Bein

Zusätzlich zur ärztlichen Behandlung können Sie mit Naturmitteln helfen.

Legen Sie nachts Tücher um die Beine, die Sie in kaltem Zinnkrautabsud getränkt haben.

Machen Sie sich täglich Auflagen mit Bockshornklee, Quark oder Lehm.

Legen Sie Tücher auf, die Sie in Essig getaucht und ausgewrungen haben.

*

Venenentzündung

Verständigen Sie sofort einen Arzt.

Stellen Sie das Bein ruhig.

Legen Sie kalte Lehmpackungen an, die, sobald sie trocken werden, sofort erneuert werden müssen.

Stellen Sie die Ernährung auf Rohkost um.

Massage ist verboten!

*

Beinprellungen

2 Eßlöffel Salz in 1 Liter Wasser auflösen. Ein Frotteehandtuch darin einweichen und ins Tiefkühlfach legen. Nach einiger Zeit herausnehmen und 15 Minuten lang auf das geprellte Bein legen.

1 Handvoll Arnika in 2 Liter Wasser kochen, abkühlen lassen, ein Tuch eintauchen, auswringen und auf die Prellung legen.

Für eine solche Auflage können Sie auch gekaufte Arnikatinktur verwenden, die Sie mit Wasser verdünnen, und zwar 1 Teil Arnikatinktur und 2 Teile Wasser.

Buttermilch für rauhe Stellen

Die besten Tips für Ihre Haut

Abszeß

Legen Sie Wärmewickel mit Bockshornkleesamenbrei oder Lehmbrei auf die betroffene Stelle.

Auch Auflagen mit warmen Heublumensäcken sind sehr hilfreich.

Drücken Sie niemals selbst am Abszeß herum. Überlassen Sie die direkte Behandlung ausschließlich einem Arzt.

*

Furunkel

Stellen Sie Ihre Ernährung um: Essen Sie hauptsächlich Rohkost und Nahrungsmittel, die viel Vitamin B enthalten. Greifen Sie also ausschließlich zu Vollkornprodukten.

Nehmen Sie reichlich Hefeflocken oder Hefetabletten zu sich.

Machen Sie heiße Umschläge mit Leinsamenbrei, Heilerdebrei oder Bockshornkleesamenbrei.

Essen Sie bei jeder Gelegenheit viel Knoblauch, wenn Sie ihn vertragen.

Das Ausdrücken eines Furunkels muß man auf jeden Fall dem Arzt überlassen.

Lassen Sie sich in der Apotheke einen Blutreinigungs-Kräutertee aus je 3 Teilen Stiefmütterchen und Brennessel und je 2 Teilen Brombeerblättern, Frauenmantel und Süßholzwurzel mischen.

Davon 2 flache Eßlöffel mit ¼ Liter kochendem Wasser übergießen, 10 Minuten ziehen lassen und 3 Tassen pro Tag – mit etwas Honig gesüßt – trinken.

Zur Blutreinigung können Sie auch 1 Teelöffel Kalmuswurzel in 1 Tasse Wasser leicht aufkochen und tagsüber schluckweise trinken.

Trinken Sie Löwenzahnsaft aus dem Reformhaus.

Nehmen Sie Sonnenbäder.

Gürtelrose

Begeben Sie sich sofort in ärztliche Behandlung.

Stellen Sie Ihre Ernährung auf vegetarische Kost um.

Machen Sie sich zur Darmentleerung täglich einen Einlauf.

Legen Sie Lehm oder Quark auf die kranken Stellen auf.

Betupfen Sie die Bläschen auf der Haut mit Olivenöl.

*

Hautentzündung

Legen Sie sich Lehm oder Quark auf die entzündeten Hautstellen.

Tauchen Sie ein Leinentuch in eine Zinnkrautabkochung, wringen Sie es aus, und legen Sie es auf die Haut.

Beginnen die Hautbläschen zu nässen, legt man Heilerde auf und taucht Tücher in Leinöl oder Olivenöl und läßt diese mehrere Stunden einwirken.

Trinken Sie dreimal am Tag 1 Tasse Blutreinigungstee aus der Apotheke.

*

Hornhaut

Verhärtete, verhornte oder rauhe Stellen regelmäßig mit Buttermilch einreiben oder sie darin baden. Nach einigen Tagen sind sie wieder glatt.

*

Hautjucken

Waschen Sie sich mit einer Mischung aus Wasser und Obstessig, und reiben Sie sich anschließend mit Ringelblumentinktur ein.

Legen Sie einen Lehmwickel an, und waschen Sie danach die Haut mit Salbeitee.

Baden Sie in einer Wanne, in die Sie zum Badewasser 3 Liter Zinnkrauttee gegossen haben.

*

Insektenstiche

Reiben Sie die Hautstelle mit einer Mischung aus Essig und Salz ein.

Reiben Sie den Stich mit Tigerbalsam aus der Apotheke ein.

Legen Sie frische Spitzwegerichblätter auf.

Reiben Sie die Stichstelle mit Zwiebelsaft oder mit Zitronensaft ein.

Auch verdünnter Salmiakgeist hilft gegen das Jucken.

Wenn die Haut anschwillt, legen Sie ein Tuch mit essigsaurer Tonerde auf, oder tränken Sie das Tuch in verdünnter Arnikatinktur.

Wickeln Sie Salz in einen feuchten Lappen, und drücken Sie ihn auf die Stichstelle.

Legen Sie ein feuchtes Stück Würfelzucker auf die Stichstelle. Es entzieht das Gift.

Wespenstiche heilen schnell, wenn man frische Petersilie darauf verreibt.

Bei einer starken Schwellung sollten Sie einen Arzt aufsuchen.

Vorbeugend gegen Insektenstiche reiben Sie die Haut mit Eukalyptus- oder Lavendelöl ein. Auch Lorbeeröl ist sehr gut.

Mischen Sie sich Ihre eigene Schutzsalbe: 100 Gramm Olivenöl, je 5 Gramm Alkohol und Eukalyptusöl, 2 Gramm Thymol, je 1 Gramm Anisöl und Nelkenöl werden gut verrührt und jeweils bei Bedarf auf die Haut aufgetragen.

*

Krätze

Suchen Sie unbedingt einen Arzt auf. Trotzdem können Sie auch selbst etwas tun.

An drei Tagen hintereinander müssen Sie den Körper mit Perusalsalbe gründlich einreiben. Am vierten Tag nehmen Sie ein warmes Vollbad.

Wechseln Sie täglich die Bettwäsche. Gebrauchte Wäsche ist gründlich auszukochen.

*

Muttermal und Leberfleck

Wenn auch manchen von Ihnen ein Muttermal oder ein Leberfleck stört: Finger weg!

Versuchen Sie niemals, die Flecken zu entfernen. Die kleinste Verletzung dieser Hauterscheinungen kann Krebs auslösen.

Tragen Sie keine scharfen Mittel auf.

*

Nesselsucht

Stellt der Arzt eine Nesselsucht fest, so sollten Sie seine Behandlung unterstützen.

Waschen Sie die Hautstellen mit Essigwasser und reiben Sie sie nachher mit Johanniskrautöl ein.

*

Orangenhaut

Nehmen Sie vitaminreiche Kost zu sich.

Massieren Sie regelmäßig die Oberschenkelhaut, aber sanft.

*

Pickel und Akne

Bestrahlen Sie die Haut mit Höhensonne.

Machen Sie Schwitzpackungen auf die bewußten Hautstellen.

Meiden Sie fettes Fleisch, geräucherte Speisen, Alkohol, Weißbrot, Nikotin und Kaffee.

Nehmen Sie statt dessen besser Gemüse, Vollkornbrot, Quark und Joghurt zu sich.

Essen Sie Hefe. Ideal sind Hefetabletten aus der Apotheke.

30 Gramm Hefe und je 10 Gramm Kamille und Leinsamen werden vermischt. Davon rühren Sie täglich 1 Teelöffel in 1 Glas Milch und trinken es.

Und hier ein guter Aknetee: Faulbaumrinde, Fenchel, Schlehdorn, Salbei und Pomeranzenschale werden zu gleichen Teilen vermischt. Für 1 Tasse nehmen Sie 1 Eßlöffel voll. Der Tee wird aufgegossen und warm getrunken.

Normal trinkt man von diesem Tee pro Tag 2 bis 3 Tassen. Wenn die abführende Wirkung aber zu groß ist, trinkt man nur abends 1 Tasse.

Nehmen Sie einmal am Tag ein Gesichtsdampfbad, wenn die Pickel nur im Gesicht sind.

Bereiten Sie sich mit Lehm aus der Apotheke einen Lehmbrei, und tragen Sie die Masse auf die betroffenen Körperstellen auf. Erst wenn der Lehm ganz trocken geworden ist, wird er wieder entfernt. Reinigen Sie mit klarem Wasser oder mit verdünnter Hamamelistinktur nach.

*

Sonnenbrand

Reiben Sie die betroffenen Stellen gründlich mit Leinsamenbrei ein.

Legen Sie rohe, reife Tomatenscheiben auf die sonnenverbrannte Haut. Das lindert den Schmerz und heilt.

Besprengen Sie zur ersten Hilfe den Sonnenbrand im Schatten mit kaltem Wasser. Sehr zu empfehlen sind auch kalte Umschläge auf Herz, Kopf und Nacken.

Tauchen Sie ein Tuch in kalten schwarzen Tee, und legen Sie es auf die Sonnenbrandstelle.

Legen Sie in Essig getränkte Tücher auf die heißen, schmerzenden Stellen.

Legen Sie Quark auf, den Sie mit saurer Milch oder Wasser verdünnen.

Zur Vorbeugung reiben Sie sich mit Apfelessig ab; tragen Sie anschließend aber kein Fett auf, auch nicht wenn Sie in die Sonne gehen. Es kommt sonst zu unliebsamen chemischen Reaktionen.

Verwenden Sie eine gute Sonnenschutzcreme.

*

Schnittwunden

Kleine Schnittwunden, wie sie etwa beim Rasieren entstehen, mit Zahnpasta bestreichen. Die Blutung wird sofort gestillt.

Bestreichen Sie die Wunde mit Eiweiß.

Bewahren Sie in der Hausapotheke einen Sprühverband auf, und sprühen Sie ihn über die Wunde.

Reiben Sie die wunden Stellen mit Siliceabalsam aus der Apotheke ein.

Mischen Sie zu gleichen Teilen Silberdistel, Spitzwegerich, Vogelknöterich, Hirtentäschel und Blutwurz. Hacken Sie die Kräuter fein, und schlagen Sie die Mischung in ein Gazetuch ein. Das legen Sie dann auf die wunden Stellen und legen ein Leinentuch darüber.

Sie können diese Mischung aber auch direkt auf die wunde Hautstelle legen.

Zur schnelleren Heilung trinken Sie parallel dazu einen Tee aus den 5 genannten Kräutern: 2 Teelöffel in 1 Liter kaltem Wasser 1 Stunde ansetzen, kurz aufkochen und täglich 3 Tassen schluckweise trinken.

*

Wunden

Kleine Alltagswunden mit einem sauberen Tuch, das in warmen Kamillentee getaucht wurde, sorgfältig auswaschen. Die Kamille enthält ein ätherisches Öl, das Krankheitskeime abtötet und Entzündungen verhindert.

Ähnliche Wirkungen wie die Kamille haben Eisenkraut, Bibernelle und Schafgarbe. Bei der Schafgarbe hat es sich bewährt, der frischen Wunde ein Dampfbad zu gönnen.

Behandeln Sie Ihre Wunde mit Jod, sollten Sie darauf achten, daß Sie immer nur die Umgebung der Wunde bestreichen, nicht aber die Wunde selbst.

Bei größeren Wunden sollten Sie einen Arzt aufsuchen.

Alles Nervensache

Die besten Tips für Ihre Nerven

Nervosität und Nervenschwäche

Beginnen Sie den Tag mit 2 Eßlöffeln Johanniskraut, den Sie in 1/8 Liter Mineralwasser aufgelöst haben; am besten auf nüchternen Magen trinken.

Trinken Sie mehrmals am Tag Baldriantee, Lavendelblütentee oder Melissentee.

Genießen Sie einmal in der Woche ein Fichtennadelbad.

Lassen Sie sich in der Apotheke aus je 2 Teilen Weißdorn und Zieskraut und je 1 Teil Gartenrose und Schlüsselblume einen Kräutertee mischen.

1 Eßlöffel davon wird mit 1 Liter kochendem Wasser überbrüht; 10 Minuten ziehen lassen, durchseihen, 3 Tassen auf den ganzen Tag verteilen und nach 3 Wochen eine Pause einlegen.

Träufeln Sie ein paar Tropfen Baldriantinktur auf ein Stück Würfelzucker, und lassen Sie es auf der Zunge zergehen.

Essen Sie viel Knoblauch, Ingwer, frische Gurken und im Herbst viel Trauben.

Ziehen Sie Rohkost dem Fleisch vor.

Machen Sie eine Spezialhonig-Kur: Mischen Sie zu gleichen Teilen Lindenblüten, Melisse, Schafgarbe, Johanniskraut und Kamille. Für 1 Tasse Tee brauchen Sie 1 Eßlöffel davon. Trinken Sie morgens, mittags und abends je 1 Tasse. Gesüßt wird mit Honig, und zwar so:

In der 1. Woche nimmt man pro Tasse ½ Teelöffel Honig; in der 2. Woche 1 Teelöffel; von der 3. bis zur 8. Woche 1½ Teelöffel; in der 9. Woche nur 1 Teelöffel und in der 10. Woche wieder ½. Dann ist die Kur zu Ende. Verwenden Sie aber nur naturreinen Honig, der nicht über 45 Grad erhitzt wurde.

*

Schweißausbrüche

Gegen nervöse Schweißausbrüche: 40 Gramm Eichenrinde, 30 Gramm Walnußblätter und 20 Gramm Thymian werden 10 Minuten lang in 1 Liter Wasser gekocht.

Mit dieser Flüssigkeit waschen Sie sich zweimal täglich die allzu schwitzenden Körperstellen, in erster Linier die Achselhöhlen.

Trinken Sie dreimal am Tag 1 Tasse starken Salbeitee.

Vermeiden Sie Reizstoffe in der Nahrung und in Getränken, also vor allem scharfes Essen, Pfeffer, Curry, Kaffee, Schwarztee und Alkohol.

Schalten Sie ab und zu einen Rohkosttag ein.

*

Depressionen und Angstzustände

Machen Sie zwischendurch öfter Urlaub.

Bemühen Sie sich, neue Menschen kennenzulernen.

Erwägen Sie einen Berufswechsel.

Sprechen Sie sich gründlich mit Ihrem Partner aus.

Betreiben Sie regelmäßig Sport: Schwimmen, Gymnastik, Wandern.

Lassen Sie sich von einem Fachmann massieren.

Baden Sie mindestens einmal in der Woche mit Fichtennadelzusatz.

Nehmen Sie jeden Tag, solange die Depressionen anhalten, Schlangengift aus der Apotheke.

Am besten ist das Schlangengift Horvy Psy 4. Es handelt sich dabei um ein homöopathisch verdünntes Extrakt aus dem Gift der Sandviper und der Klapperschlange.

Nehmen Sie täglich eine Magnesiumbrausetablette aus der Apotheke,

da Depressionen sehr oft auf
Magnesiummangel zurückzuführen sind.

*

Ohnmacht

Lassen Sie den Betreffenden an einer Flasche mit starkem Essig riechen.

Öffnen Sie beengende Kleidungsstücke.

Besprengen Sie Brust und Leib mit frischem Wasser.

Machen Sie heiße Umschläge auf die Unterarme und Waden.

*

Nervenentzündung

Waschen Sie die schmerzenden Stellen mehrmals am Tag mit Essigwasser.

Legen Sie sich heiße Heublumensäcke auf, wenn Sie Wärme vertragen.

Hilft Ihnen Kühle mehr, dann legen Sie kalte Wickel aus Tüchern auf, die in Salzwasser getränkt wurden.

Mischen Sie Schnaps und Olivenöl zu gleichen Teilen, und reiben Sie die schmerzenden Stellen damit ein.

*

Trigeminusneuralgie

Reiben Sie die schmerzenden Stellen mit Melissengeist ein.

Gönnen Sie Ihrem Gesicht Dampfkompressen.

Tun Sie genau, was der Arzt sagt.

*

Schlafstörungen

Wer schlecht einschlafen kann, sollte sich vor dem Schlafengehen eine Viertelstunde lang die Haare bürsten. Das beruhigt.

Kurz vor dem Schlafengehen können auch verschiedene Wasseranwendungen durchgeführt werden. Besonders eignen sich die Ganzwaschungen und das kalte Armbad.

Dazu nimmt man einen nassen Waschlappen und streicht ihn leicht über die Haut, so daß auf ihr ein dünner Wasserfilm bleibt. Danach nicht abtrocknen, sondern sofort den Schlafanzug anziehen und ins Bett gehen.

Allgemein gilt: Zum Abendessen nur leicht verdauliche Speisen und ab acht Uhr überhaupt nichts mehr essen.

Eigelb und Traubenzucker machen wieder fit

Die besten Tips für Stoffwechsel, Infektionen, Krebsvorbeugung und Krebsnachbehandlung

Zuckerkrankheit

Ärztliche Grundbehandlung ist Vorbedingung. Der Zuckerkranke muß ständig in ärztlicher Behandlung sein.

Bewegen Sie sich viel, und leisten Sie manuelle Arbeit.

Essen Sie überwiegend Gemüse und saures Obst.

Zerkauen Sie die Nahrung langsam, und trinken Sie schluckweise dazu Tees aus Geißraute, Bohnenschalen, Bockshornkleesamen, Heidelbeer- und Preiselbeerblättern.

Als Fett ist vorwiegend Weizenkeimöl zu verwenden.

Nehmen Sie täglich vor dem Essen 5 bis 10 Helianthustropfen aus der Apotheke. Sie können den Insulinbedarf senken.

Nehmen Sie vor dem Essen Harlemer Ölkapseln, die ätherische Öle enthalten, ein.

Ein strenger Diätvorschlag für Zuckerkranke: Zum Frühstück Müsli aus 30 Gramm Haferflocken, Zitronen, Nüssen, Pfirsich, Pflaumen, sauren Äpfeln. Dazu Quark und 25 Gramm Butter.

Zum Mittagessen eine Rohkostplatte, aber ohne Möhren, am besten Sauerkraut, Salate, Spinat und Kohl. Gut ist auch gedämpftes Gemüse, außer Erbsen und Möhren. Dann ein Haferflockenbrei, ein Ei und Gewürzkräuter.

Zum Abendessen Quark, 25 Gramm Butter, Haferbrot. Sie können auch Rührei mit gegrillten Tomaten zu sich nehmen.

Diese Diät sollte der Zuckerkranke 21 Tage durchhalten. Sie soll jedoch vom Arzt überwacht werden.

*

Fettsucht und Übergewicht

Führen Sie jede Abmagerungskur nur unter ärztlicher Kontrolle durch.

Schränken Sie die Kochsalzzufuhr ein.

Trinken Sie dreimal täglich 1 Tasse von folgendem Tee: Je 2 Teile Erdrauch und Blasentang, 1½ Teile Kreuzdornbeeren und je 1 Teil Faulbaumrinde, Attichwurzel, Fenchel und Anis vermischen; 1 Eßlöffel davon mit 1 Tasse kochendem Wasser überbrühen.

Ein anderer Entfettungstee: 50 Gramm Mistel und je 30 Gramm Schafgarbe und Blasentang vermengen, 1 Eßlöffel davon mit 1 Tasse Wasser aufkochen und tagsüber schluckweise trinken.

Essen Sie wenig, und kauen Sie doppelt so gut. Dann sind Sie schneller satt.

Schalten Sie pro Woche 2 Rohkosttage ein.

Stellen Sie sich jeden Morgen auf die Waage, und notieren Sie Ihr Gewicht. Das regt den Ehrgeiz zum Abnehmen an.

Trinken Sie tagsüber mehrmals Säfte aus Wolfstrapp und Brunnenkresse.

Trinken Sie jeden Morgen auf nüchternen Magen 1 Glas abgestandenes Wasser mit dem Saft einer Zitrone und einer Prise Salz.

*

Magersucht und Appetitlosigkeit

Jeden Morgen wassertreten.

Trinken Sie Bittertees aus Wermut, Tausendgüldenkraut oder Enzianwurzel.

Und hier ein wirkungsvoller Appetittee: Vermischen Sie isländisches Moos, Brennesselblätter, Odermennig, Löwenzahn, Tausendgüldenkraut, Enzian und Wermut zu gleichen Teilen.

Verwenden Sie für 1 Tasse 2 Teelöffel voll. Lassen Sie das Wasser mit den Kräutern in einem Topf 12 Stunden kalt ziehen.

Danach gießen Sie den kalten Teeauszug durch ein Sieb und kochen die Kräuter aus dem Sieb noch einmal mit derselben Menge Wasser kurz auf.

Nun mischen Sie den abgekochten Teeauszug mit dem kalten Teeauszug. Trinken Sie den Tee kühl, und zwar 3 Tassen täglich.

*

Müdigkeit und Erschöpfung

Nehmen Sie ein kurzes heißes Bad und danach eine kühle Dusche.

Gehen Sie täglich nach dem Mittagessen für einige Zeit schlafen.

Gehen Sie möglichst um 22 Uhr ins Bett, und stehen Sie um 6 Uhr auf.

Nehmen Sie pro Tag nicht drei große, sondern sieben kleine Mahlzeiten zu sich.

Genießen Sie vor allem bei Ermüdungszuständen zum wieder Fitwerden Sahne, frische Butter, Eigelb und Traubenzucker.

Trinken Sie naturreinen Weißdornsaft und dreimal täglich 2 Teelöffel Johanniskrautsaft.

Verquirlen Sie 1 rohes Ei und 1 Teelöffel Traubenzucker in 2 Glas Rotwein. Trinken Sie langsam und schluckweise. Das macht Sie wieder kräftig und frisch.

*

Grippe

Beim ersten Anzeichen sofort ins Bett und den Arzt verständigen.

Essen Sie nur wenig.

Trinken Sie reichlich Kräutertees, und zwar abwechselnd Zinnkrauttee, Spitzwegerichtee und Wermuttee.

Damit Sie richtig schwitzen, trinken Sie heiße Milch, vermischt mit Mineralwasser.

Gurgeln Sie mit Kamillentee oder Salbeitee.

Nehmen Sie vormittags ein heißes Fußbad, und gehen Sie danach gleich wieder ins Bett.

Reiben Sie den Körper mit Pfefferminzöl ein.

Brauen Sie sich einen wirksamen Antigrippe-Kräutertee: 1 Teelöffel getrocknete Lindenblüten werden mit 1 Tasse kochendem Wasser überbrüht und müssen 15 Minuten ziehen. Dann durchseihen und mit etwas Honig süßen.

Wirksam ist auch ein Tee aus Lindenblüten und Holunderblüten zu gleichen Teilen.

Trinken Sie täglich ½ Liter Rote-Bete-Saft.

Wollen Sie einen Grippekranken besuchen, gibt es ideale Maßnahmen eine Ansteckung zu vermeiden: Trinken Sie Tee aus roten Cayennepfefferschoten, essen Sie kandierte Ingwerwurzeln, oder kauen Sie einige Wacholderbeeren.

Andere Infektionskrankheiten

Bei allen anderen Infektionskrankheiten wie Kindbettfieber, Kinderlähmung, Masern, Milzbrand, Mumps, Papageienkrankheit, Paratyphus, Röteln, Rückfallfieber, Ruhr, Scharlach, Syphilis, Tollwut, Trichinose, Tuberkulose, Typhus, Windpocken, Wundrose und Wundstarrkrampf ist ausschließlich auf die Anweisungen des Arztes zu hören.

Bei ersten Anzeichen ist sofort ein erfahrener Mediziner zu Rate zu ziehen, der Sie mit bewährten Mitteln der Schulmedizin behandeln wird.

*

Krebsvorbeugung

Genießen Sie einmal in der Woche ein heißes Wannenbad von mindestens 40 Grad. Diese hohen Temperaturen wirken hemmend auf das Krebswachstum. Sprechen Sie aber vorher mit Ihrem Arzt darüber, ob Herz und Kreislauf dies vertragen.

Trinken Sie täglich 1 Flasche milchsauren Rote-Bete-Saft aus dem Reformhaus.

Meiden Sie allzu stark konservierte Nahrungsmittel.

Essen Sie Frischobst und frisches Gemüse, am besten in Form von Rohkost.

Bereiten Sie sich viele Speisen mit Quark und mit Leinöl.

Meiden Sie Alkohol, Nikotin und Koffein.

Nehmen Sie täglich 1 bis 2 Gramm Vitamin C zu sich. Sie können dies in Form von Ascorbinsäure tun, die Sie in der Apotheke erhalten.

Nehmen Sie täglich 15 Tropfen A-E-Mulsion aus der Apotheke zu sich.

Lassen Sie sich einmal im Jahr gründlich untersuchen.

Jeder ab 30 Jahren sollte sich die Vorsorgeuntersuchung zur Pflicht machen.

*

Krebsnachbehandlung

Trinken und essen Sie nie zu heiß.

Achten Sie darauf, daß sich in der Nahrung keine chemischen Stoffe befinden.

Essen Sie immer nur so viel, wie Sie Hunger haben. Niemals mehr!

Machen Sie über mehrere Tage sogenannte Saft-Fasten-Kuren, und nehmen Sie in dieser Zeit nur Obst- und Gemüsesäfte zu sich.

Die Nahrung muß reich an Vitaminen, Mineralien und Spurenelementen sein, was nur durch Rohkost sicher erreicht werden kann.

Erhitzen Sie die Speisen nicht zu sehr, damit die Wirkstoffe nicht zerstört werden.

Vor jeder gekochten Mahlzeit sollten Sie eine Portion rohes Gemüse, Salat oder Obst essen.

Essen Sie nur Vollkornbrot, und verwenden Sie nur Vollkornmehl.

Meiden Sie den weißen Zucker, verwenden Sie statt dessen besser Bienenhonig.

Essen Sie Quark, Sauermilch, Joghurt, Pilze, Sojagerichte, kaltgepreßte Pflanzenöle, wie Mohn-, Lein- und Rapsöl. Seien Sie aber auch damit bescheiden.

Ziehen Sie Wildbret und Fisch dem Fleisch von gemästeten Haustieren vor.

Essen Sie pro Woche niemals mehr als ein bis zwei Eier.

Wenn Herz und Kreislauf es zulassen, sollten Sie regelmäßig in die Sauna gehen.

Betreiben Sie Gymnastik oder leichten Sport.

Sorgen Sie für ausreichenden Schlaf, und zwar am besten vor Mitternacht.

Machen Sie Badekuren in Jodheilbädern.

Gehen Sie großen Konflikten, Problemen und Sorgen möglichst aus dem Weg, oder räumen Sie sie rasch wieder aus Ihrem Leben fort.

Sorgen Sie für einen regelmäßigen Stuhlgang.

*

Ödem

Wenn der Arzt Sie aufgrund eines Ödems behandelt, so sollten Sie mithelfen, sich zu helfen.

Nehmen Sie salzarme, vegetarische Kost zu sich.

Trinken Sie Tees aus Birkenblättern, Spargelsprossen, Petersiliensamen, Selleriewurzeln, Zwiebeln, Rosmarin, Attichwurzeln, Brennesseln, Geißraute und Ackerschachtelhalm.

Ein Druck genügt – Akupressur von A bis Z

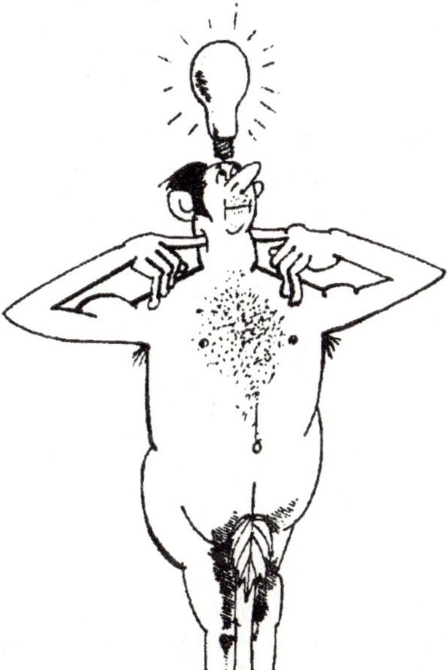

Augen ohne Glanz

Setzen Sie sich locker vor einen Spiegel, und schließen Sie die Augen für ein paar Sekunden. Öffnen Sie sie wieder, und pressen Sie die Zeigefinger beider Hände für 7 Sekunden jeweils an das innere Ende der Augenbrauen.

Dann setzen Sie dieselben Finger am inneren Augenwinkel an und vibrieren dabei leicht. Nun drücken Sie mit den Mittelfingern am äußeren Rand der Augenbrauen und am äußeren Augenwinkel.

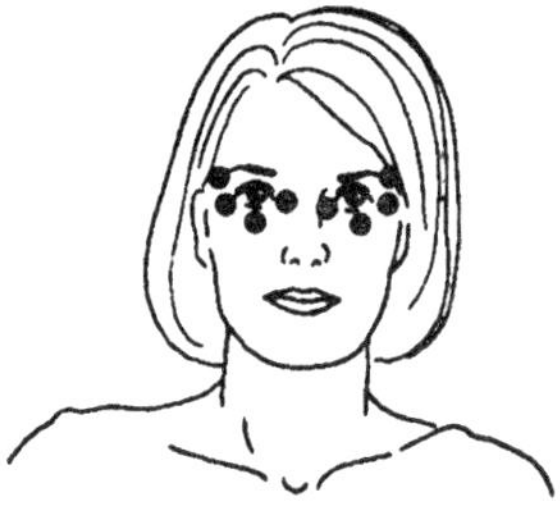

Zuletzt massieren Sie mit einem leichten Kreis die Tränendrüsenknochen in der Mitte unterhalb der Augen. Machen Sie dies regelmäßig, erhalten Ihre Augen einen strahlenden Glanz und geben Ihrem Gesicht ein jüngeres Aussehen.

*

Augenschmerzen

Legen Sie die ausgestreckten Zeigefinger auf die Augenbrauen und massieren Sie ganz leicht in horizontalen Bewegungen. Die Finger bleiben dabei auf der Haut liegen. Die Haut wird also nicht gestrichen, sondern nur gegen den Knochen gedrückt.

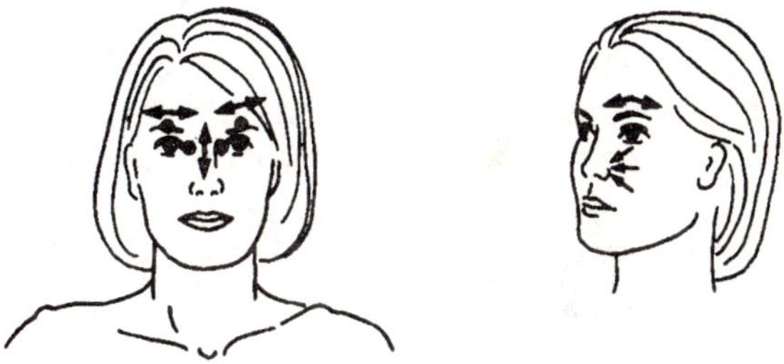

Eine andere Methode: Schieben Sie die Haut an der Nasenwurzel mit Daumen und Zeigefinger sanft nach unten und etwas fester wieder nach oben. Dort, wo die Finger der Augenbraue am nächsten sind, üben Sie 7 Sekunden einen jähen Druck aus.

Als Fleißaufgabe können Sie mit den Fingern auch noch locker von beiden Seiten gegen die Nasenflügel trommeln. Wenn Sie sich anschließend schneuzen müssen, ist das ein sehr gutes Zeichen.

*

Bandscheibenschmerzen

Suchen Sie das Zentrum des Schmerzes, und lassen Sie sich dort von einem Helfer die Wirbelsäule abklopfen. Dann soll er zart die Spitzen seiner Zeigefinger zwischen die beiden schmerzenden Wirbelkörper drücken.

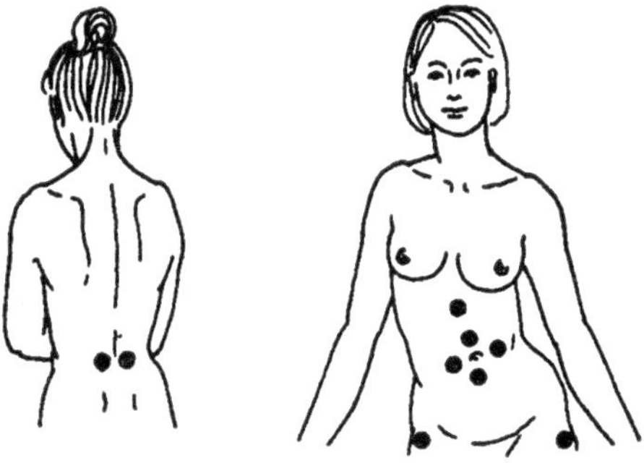

Macht er es korrekt, verspüren Sie einen jähen Schmerz, woraufhin der Finger sofort weggenommen werden muß. Wiederholen Sie diesen Vorgang alle 30 bis 40 Minuten.

Die weiteren Punkte können Sie selbst drücken: 2 bis 3 Finger breit unter dem unteren Brustbeinende, rund um den Bauchnabel und an den äußeren Oberschenkelansätzen.

*

Bindehautentzündung

Pressen Sie die Zeigefinger beidseitig an den äußeren Enden der Augenbrauen an die Haut. Dann drücken Sie zart die inneren Augenwinkel. Nun pressen Sie die Daumenkuppen an

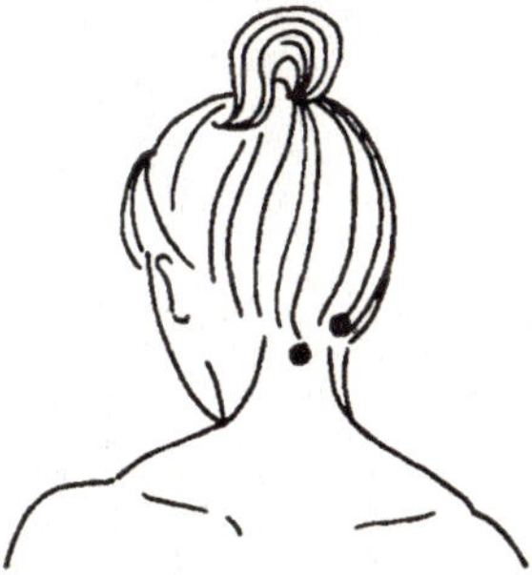

je eine Schläfe und massieren dann beidseitig mit den Daumen den Hals unter den Kieferknochen.

Etwa 1 Stunde später setzen Sie die Zeigefinger beidseitig hinter den Ohren an den Warzenfortsätzen an. Schließlich drücken Sie den Mittelfinger fest in die Vertiefung an der Schädelbasis, dort wo der Nacken beginnt.

*

Bluthochdruck

Drücken Sie die Spitze des Zeigefingers auf die Halsschlagader, und atmen Sie dabei tief ein – dreimal wiederholen. Drücken Sie mit dem Zeigefinger fest in die Vertiefung am Ende der Schädelbasis.

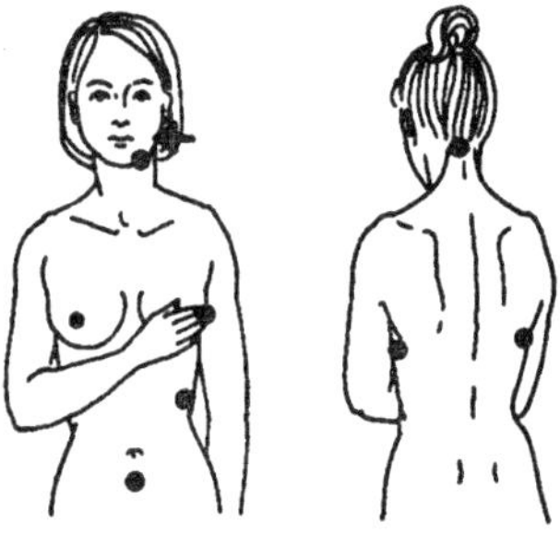

Pressen Sie dann die Fingerspitzen beider Hände unterhalb des Nabels 5 Sekunden ins Gewebe. Ziehen Sie kräftig an der Fingerspitze des Mittelfingers. Sechsmal wiederholen.

Pressen Sie den Mittelfinger direkt hinter der Schulter in die Haut, und massieren Sie am oberen Beginn der Hüften.

*

Blutniederdruck

Drücken Sie kräftig auf die Hauptschlagader seitlich vom Adamsapfel. Suchen Sie genau in der Nackenmitte unterhalb der Schädeldecke den bekannten Punkt der Lebenskraft, und drücken Sie hier 7 Sekunden.

Fahren Sie mit dem Mittelfinger die Kopfhaut bis zur Schädeldecke empor, und massieren Sie hier die Kopfhaut auf den Knochen. Zusätzlich pressen Sie Ihren Daumen an den Ansatz der Achselhöhle. Machen Sie das dreimal am Tag.

*

Bronchialasthma

Pressen Sie mit dem Zeigefinger in der Brustmitte direkt auf das Brustbein, und verschieben Sie dabei leicht die Haut. Diese Stelle ist sehr druckempfindlich.

Tasten Sie sich zum Oberrand des Schlüsselbeins weiter. Links und rechts setzen Sie nun den Daumen an und drücken fest. Anschließend drücken Sie 5 Mal mit dem Mittelfinger in den Zwischenraum zwischen der ersten und zweiten Rippe von oben.

*

Bronchitis

Drücken Sie mit dem Zeigefinger in die Vertiefungen an Schulter und Kehle, über dem

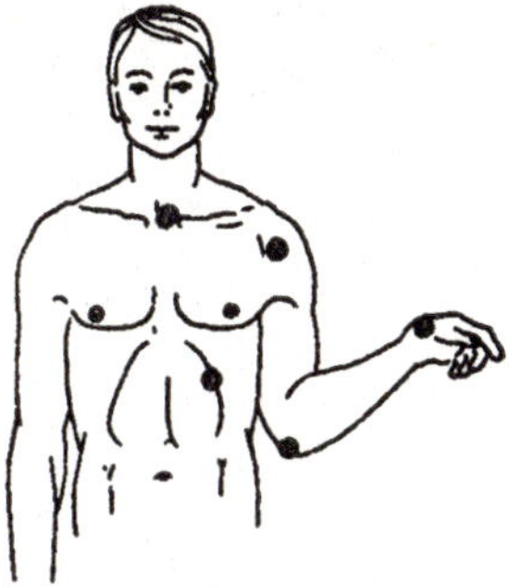

vierten Brustwirbel, dann an der Innenseite des Ellenbogens und an der inneren Daumenseite am Ansatz beim Handgelenk.

*

Brust zu klein

Legen Sie die Handflächen auf die Brustoberseite, und beginnen Sie in kreisenden Bewegungen vom Brustbein aus über die Unterseite des Busens nach außen zu massieren. Natürlich müssen Sie zart und vorsichtig massieren.

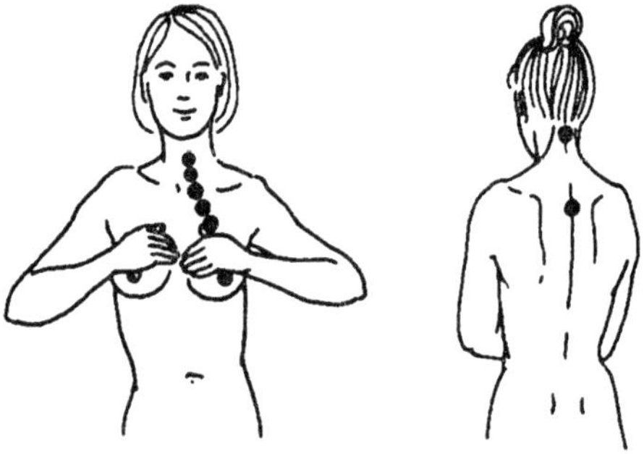

Lassen Sie die Fingerspitzen dabei auf der Haut kribbeln, denn das strafft das Gewebe. Der Hauptdruck der Massage erfolgt an der Brustoberseite. Nehmen Sie zwischendurch die Brustwarzen zwischen Daumen und Zeigefinger und ziehen Sie ein wenig daran.

Dann drücken Sie mit dem rechten Zeigefinger zwischen Kehlkopf und Halsschlagader vom Kinnansatz bis zum Brustansatz nach unten. Nach kurzer Pause wiederholen Sie diesen Vorgang.

Schließlich drücken Sie den Mittelfinger in die Vertiefung an der Schädelbasis über dem Nacken. Bitten Sie einen Helfer Sie kräftig zwischen die Schulterblätter zu drücken. Sie sollten das konsequent jeden Morgen und Abend durchführen.

*

Depressionen

Massieren Sie mit dem Zeigefinger den rechten Oberbauch an der empfindlichsten Stelle. Dann drücken Sie Punkt um Punkt entlang der Ellenbogenfalte.

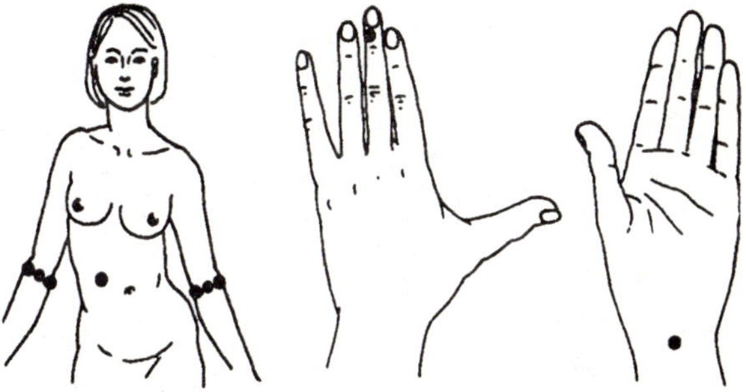

Nun pressen Sie mit dem Daumen der einen Hand gegen die Nagelseite des Mittelfingers der anderen Hand und massieren dann mit dem Daumen der einen den Puls der anderen Hand. Keine der Übungen darf länger als 7 Sekunden dauern.

Außerdem empfiehlt sich eine kräftige Rückenmassage mit einer Bürste.

*

Durchfall

Drücken Sie mit einem Finger die Mitte der Fußoberseite, die Innenseite des ersten Mittelfußknochens und das Gewebe zwischen der zweiten und der dritten Zehe.

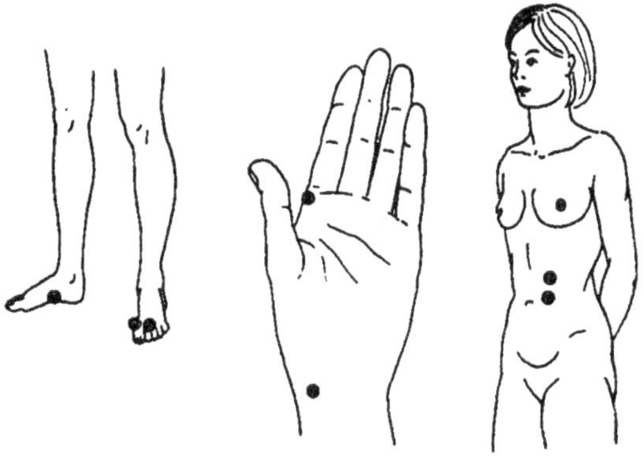

Dann massieren Sie das dritte Gelenk des Zeigefingers daumenseitig und die Innenfläche des Handgelenks. Klopfen Sie mit der Zeigefingerkuppe seitlich und schräg oberhalb des Nabels auf die Bauchdecke.

*

Eifersucht

Pressen Sie Ihre Zeigefinger zugleich auf beide Backenknochen. Massieren Sie unmittelbar darauf das innere Ende der Augenbrauen, und klopfen Sie zart mit den Mittelfingerkuppen auf die Hautstellen zwischen Nase und Oberlippe. Dreimal wiederholen.

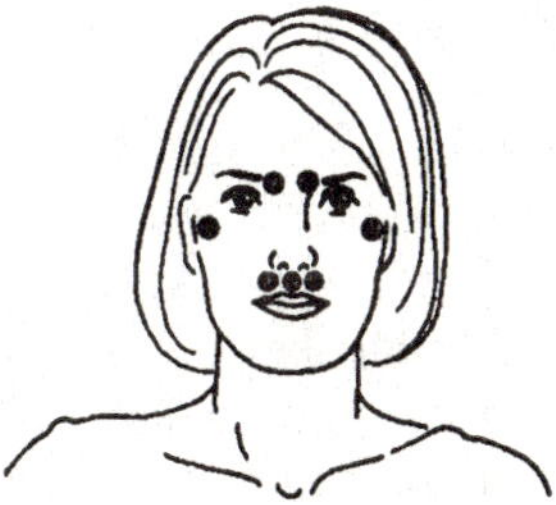

*

Falten am Hals

Drücken Sie den Zeigefinger der rechten Hand in die Knochenmulde, in der beide Schlüsselbeine zusammenlaufen. Dann pressen Sie die Daumenkuppen rechts und links davon direkt auf den Schlüsselbeinknochen.

Nun drücken Sie die beiden Mittelfinger je 3 Finger links und rechts von der Mittellinie entfernt gegen den Hinterkopf. Klopfen Sie gegen die Nackenmuskeln. Zusätzlich klopfen Sie mit den Fingerkuppen beider Hände seitlich gegen den Hals und streichen vom Kinn weg zum Brustansatz.

*

Falten im Gesicht

Drücken Sie die Zeigefinger beidseitig sanft gegen die inneren Enden der Augenbrauen. Dann pressen Sie die Kuppen der Mittelfinger gegen die Nasenflügel.

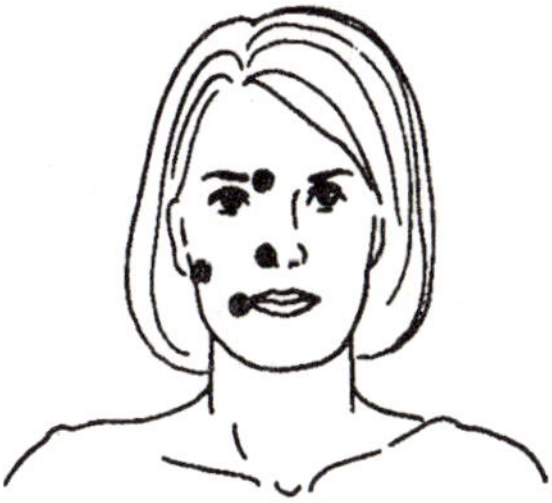

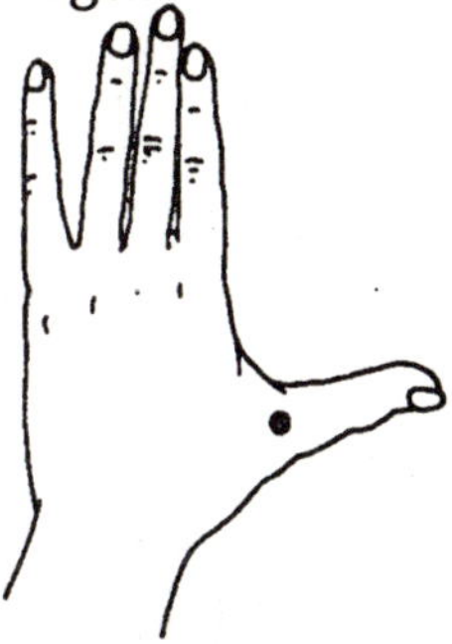

Nun klopfen Sie beidseitig mit Zeige- und Mittelfingern die äußeren Ecken der Kieferknochen und gleichzeitig mit den Daumen die Mundwinkel. Danach drücken Sie mit dem Daumen der einen Hand die andere Außenhand zwischen Daumen und Zeigefinger.

*

Graue Haare

Die Druckpunkte gegen das Grauwerden der Haare liegen entlang der Halsschlagader und auf der Mittellinie der Stirn. Drücken Sie mit dem Zeigefinger entlang dieses Meridians, und klopfen Sie danach die ganze Linie der Halsschlagader nach.

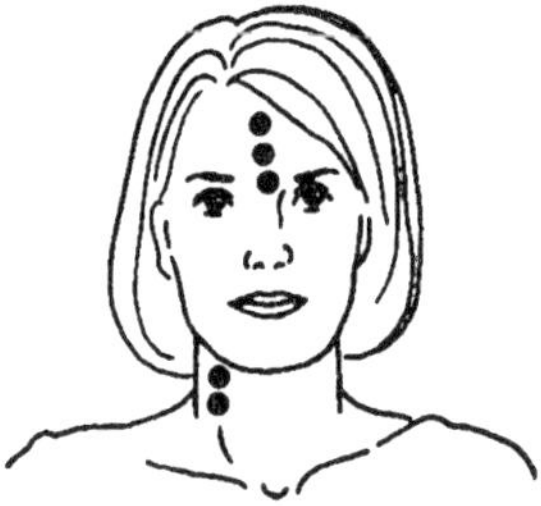

Sehr wichtig ist, daß Sie gleich darauf mit dem Zeigefinger die Stirn von der Nasenwurzel nach oben hin in kleinen Kreisen massieren. Täglich oder mindestens dreimal in der Woche wiederholen.

*

Heiserkeit

Drücken Sie mit den Zeigefingern links und rechts vom Adamsapfel auf die Schilddrüsen. Dann klopfen Sie leicht massierend nach unten und pressen nach etwa 3 Zentimetern auf die vorspringenden Knochen des Schlüsselbeins. Fünfmal wiederholen.

Eine andere Methode: Drücken Sie den Zeigefinger in die Mitte des Hinterkopfes auf die druckempfindliche Stelle. Ein weiterer Einsatzpunkt ist die Magengrube. Drücken Sie die Daumenkuppe höchstens 4 Mal je 4 Sekunden kräftig hinein.

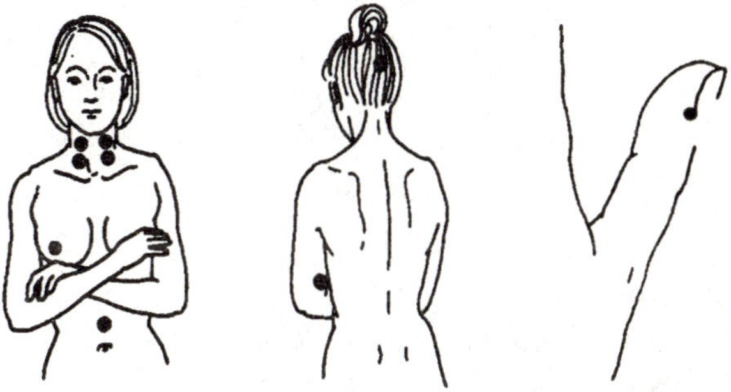

Andere Punkte liegen in der Innenseite des Ellenbogens und an der Fingernagelkante der Daumeninnenseite.

*

Herzschwäche

Drücken Sie am Rücken links und rechts neben dem dritten und dem zwölften Brustwirbel und zusätzlich zu beiden Seiten des Nabels.

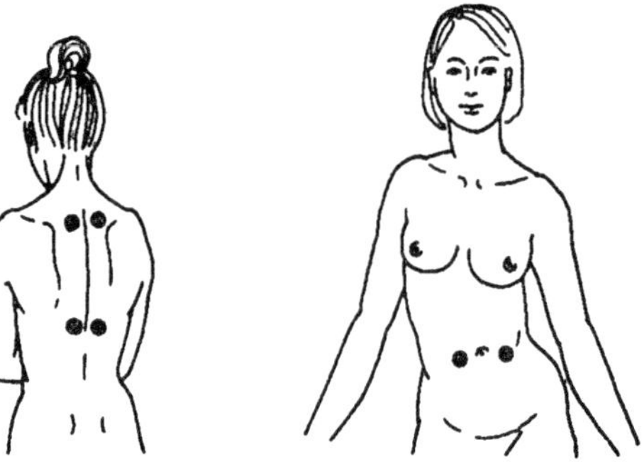

*

Impotenz

Drücken Sie über den Schulterblättern, zwischen dem vierten und fünften Finger, zu beiden Seiten des sechsten Brustwirbels, eine Handbreit links und rechts vom Lendenwirbel, an der Außenseite des Ellenbogens, über dem ersten Kreuzbeinjoch, zu beiden Seiten des Steißbeins, in der Mitte der Gesäßhälfte und in der Kniekehle.

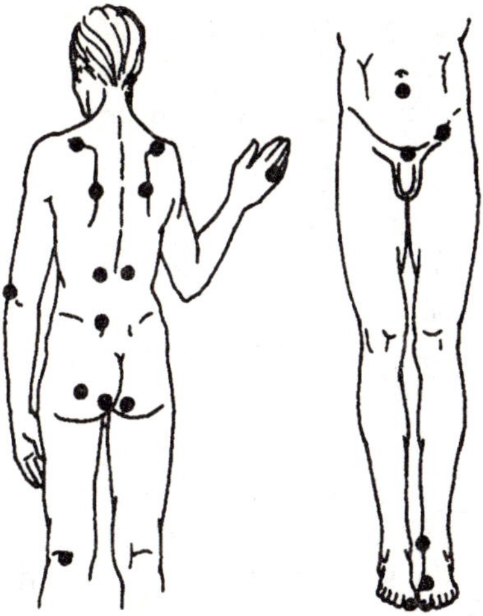

Außerdem gibt es wichtige Punkte unter dem Nabel, in der Leiste, an der Innenseite der Fußknöchel und der Fußgewölbe.

*

Kniegelenke angeschwollen

Drücken Sie den Daumen zuerst seitlich ins Kniegelenk, dann dicht vor dem Wadenbeinköpfchen ins Gewebe. Jetzt massieren Sie das untere Ende der Wade und dann die Wurzel der vierten Zehe. Ein anderer Druckpunkt liegt auf dem äußeren oberen Drittel des Unterarmes.

*

Knieschmerzen

Drücken Sie an der Außenseite des Oberschenkels, seitlich unter dem Knie, in der Mitte hinter dem Kniegelenk, an der hinteren

Außenseite des Knöchels und am Fersenknochen unter dem äußeren Knöchel.

*

Kopfschmerzen

Suchen Sie mit beiden Zeigefingern symmetrisch jeweils über einem Auge eine Schmerzstelle, und drücken Sie darauf. Dann pressen Sie die Kuppen von Daumen und Zeigefinger der rechten Hand in der Mitte der Nasenlänge auf den Nasenrücken. Drücken Sie mit dem Daumen in die Vertiefung hinter dem Ohrläppchen.

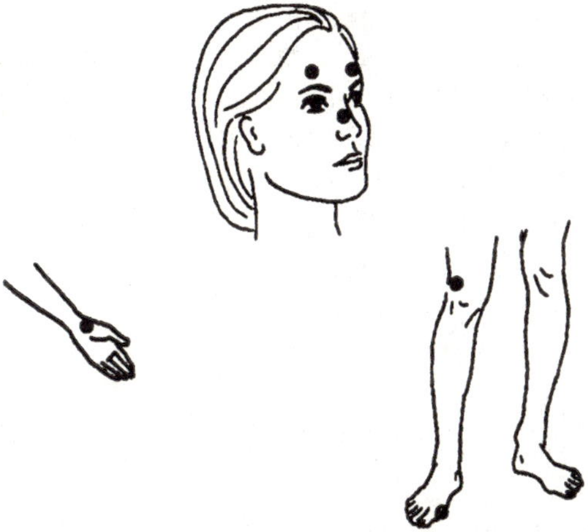

Bei starken Schmerzen drücken Sie mit dem Daumen der rechten Hand auf die Schlagader am linken Handgelenk, und massieren Sie die Schlagader, die rechts neben dem rechten Knie verläuft.

Und noch eins: Pressen Sie den Daumen fest gegen das erste und zweite Mittelfußgelenk und seitlich an den großen Zehen.

*

Krampfadern

Drücken Sie die Daumenkuppe fest rund um die inneren Fußknöchel. Verhalten Sie an jedem Punkt 7 Sekunden. Dann drücken Sie mit der Zeigefingerkuppe 1 Hand breit über dem inneren Fußknöchel am Unterschenkel.

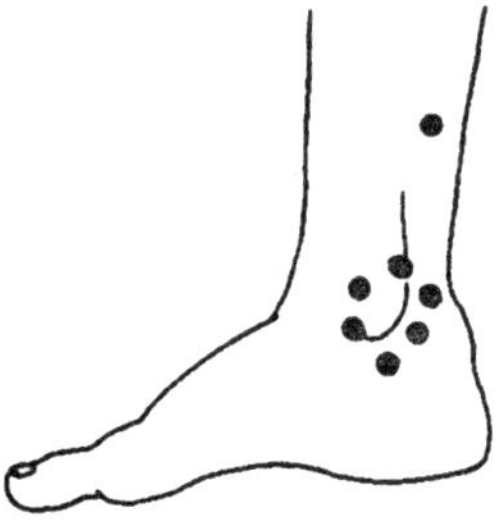

Kreuzschmerzen

Die Druckpunkte liegen auf den Schultern beim »Treffpunkt« der Schulterblätter, links und rechts vom Oberschenkelansatz und direkt im Kreuz zu beiden Seiten der Wirbelsäule.

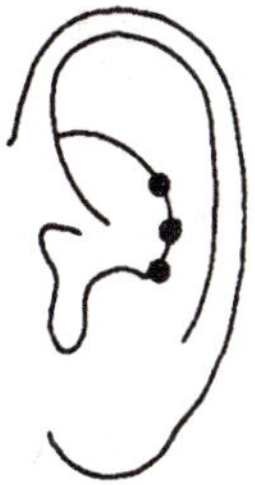

Zusätzlich empfiehlt es sich, den inneren Wulst der Ohrmuschel mit Zeigefinger und Daumen von unten nach oben zu kneten.

Magenschmerzen

Rutschen Sie mit der Spitze des Zeigefingers unter das Brustbein, und drücken Sie fest ins Gewebe. Sie dürfen dabei keinen Knochen spüren.

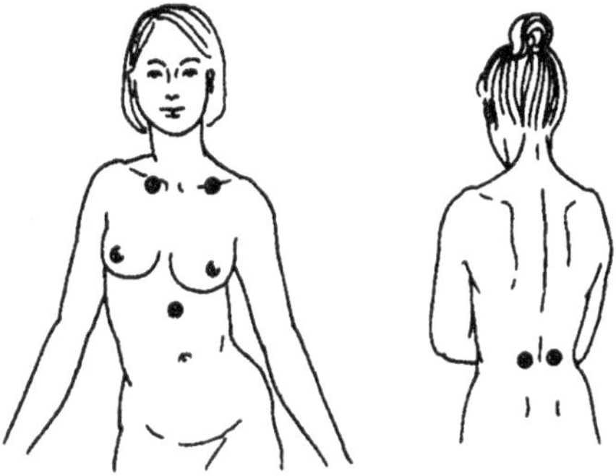

Dann pressen Sie die Mittelfingerkuppen auf die Zäpfchen der Schlüsselbeinknochen. Zum Schluß drücken Sie mit beiden Daumen links und rechts der Wirbelsäule in der Höhe der untersten Rippe in die Haut.

*

Menstruationsbeschwerden

Drücken Sie die Innenseite des Knies, der Kniescheibe, innen hinter dem Fußknöchel, unter dem Fußknöchel, den Ballen der großen Zehe und den äußeren Fersenballen.

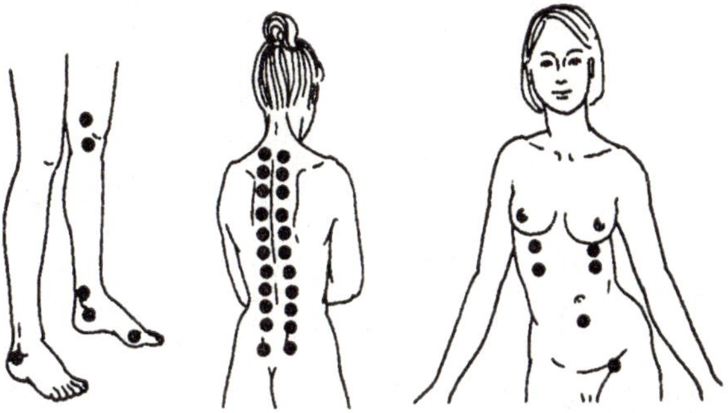

Darüber hinaus ist eine Massage des Gewebes links und rechts der Wirbelsäule sehr schmerzlindernd. Weitere Punkte liegen drei Finger breit unter dem Nabel, in der Leiste, unter der Brust und am Ende des Rippenbogens.

*

Migräne

Drücken Sie den Daumen sanft in die Vertiefung an der Schläfe. Anschließend legen Sie die Zeigefinger an beide äußere Augenwinkel. Dann pressen Sie oberhalb der beiden Kiefergelenke und in die Vertiefung an den Enden der Augenbrauen.

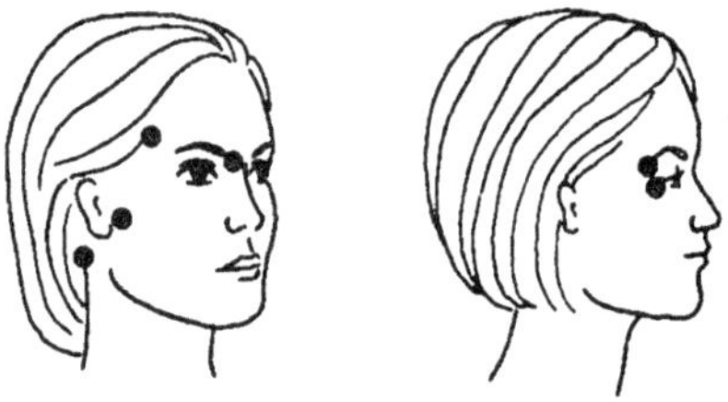

Schließlich kommen die inneren Augenwinkel dran. Zum Schluß drücken Sie auf den Knochen hinter dem Ohr, und zwar am unteren Ende und nach innen gerichtet.

*

Minderwertigkeitskomplexe

Greifen Sie mit beiden Zeigefingern hinter die Ohrläppchen, und drücken Sie 7 Sekunden zart in die Vertiefung zwischen den Knochen. Dann legen Sie den Daumen fest in die Vertiefung an der Schädelbasis. Nun reiben Sie Ihre äußeren Knöchel und drücken den Daumen gegen die Mitte der Fußsohle.

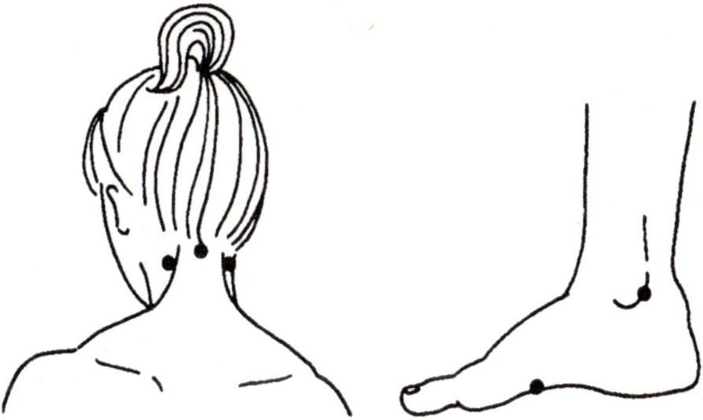

*

Nackenschmerzen

Drücken Sie mit dem Daumen einer Hand die Innenseite des kleinen Fingers an der anderen Hand, und zwar 2 Millimeter vom Nagelrand entfernt. Dann drücken Sie mit dem Zeigefinger knapp oberhalb des Ellenbogens gegen den Oberarm.

Nun massieren Sie sich am Rücken zwischen Halsansatz und Schulter auf beiden Seiten. Zum Schluß pressen Sie die Übergangsstelle von Oberarm zum Schlüsselbein und die mittlere Außenseite der Unterarme.

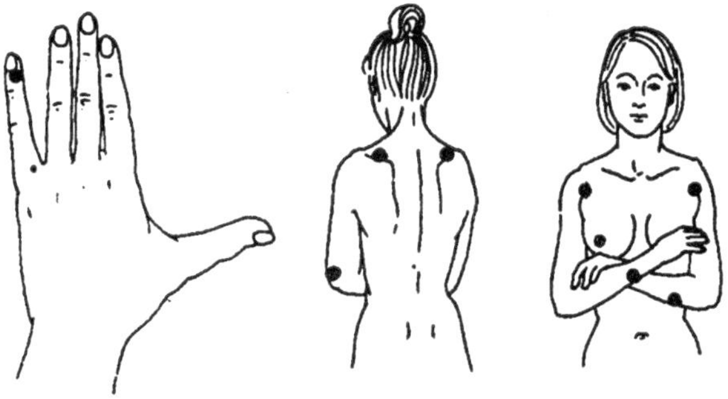

*

Nervosität

Drücken Sie den Zeigefinger 4 Sekunden lang genau in die Mitte des Schädelknochens. Dann legen Sie den Daumen leicht kreisend für 7 Sekunden in die Vertiefung an der Schädelbasis. Schließlich pressen Sie den Zeigefinger hinter die Kinnlade und massieren sich auf der Brust unmittelbar vor der Achselhöhle.

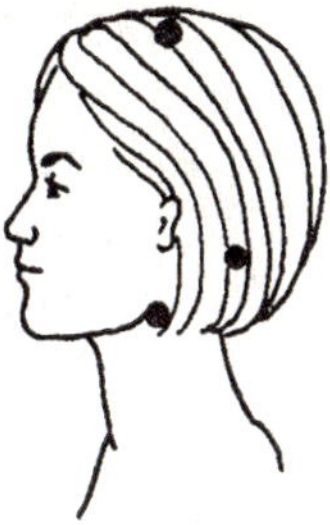

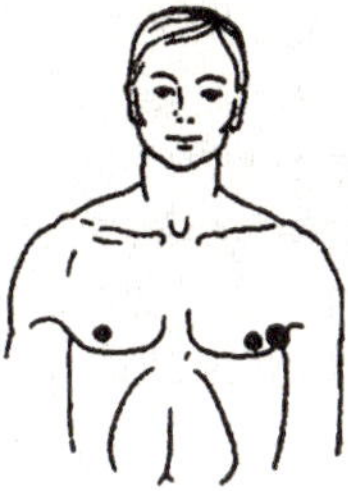

Nierensteine

Ein hilfreicher Partner muß Ihnen mit den Daumenkuppen beidseitig von den Schultern schräg zur Wirbelsäule bis ins Kreuz die Haut in kleinsten Kreisen massieren. Dabei soll ein starker und kurzer Druck ausgeübt werden.

Legen Sie sich hin und die Handflächen auf den rechten Oberbauch. Nach 5 Minuten stehen Sie auf, beugen sich nach unten und drücken mit der Zeigefingerkuppe an der Außenseite der Beine vom Knie bis zum Knöchel. Damit gehen kleine Steine oft problemlos ab.

*

Ohrensausen

Nehmen Sie den knorpeligen Rand beider Ohren jeweils zwischen Daumen und Zeigefinger, und pressen Sie ihn von oben nach unten bis zum Ohrläppchen und wieder zurück.

Nun drücken Sie den Mittelfinger an die Stelle, an der das Ohrläppchen an die Gesichtshaut anwächst, dann vor dem Ohrzäpfchen und am Beginn des oberen Randknorpels.

*

Rachenkatarrh

Drücken Sie mit dem Zeigefinger hinter den Warzenfortsatz des Ohrs, dann an der Schädelbasis, und zwar in der Mitte.

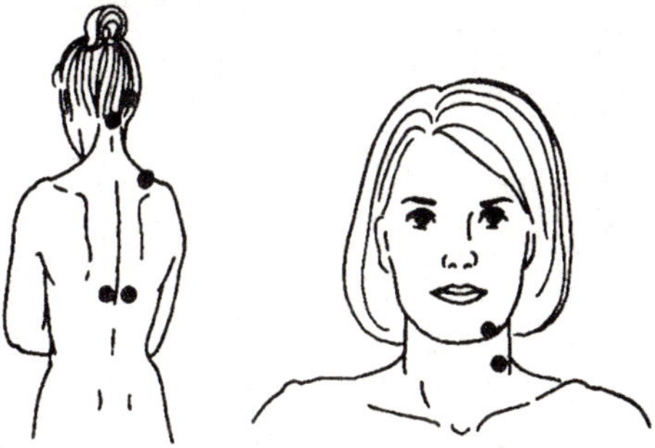

Dann massieren Sie sich kräftig an der Schulter und lassen sich Ihren Rücken rechts und links am achten Brustwirbel drücken. Lassen Sie einen Finger am Unterkiefer und einen auf der Halsschlagader vibrieren.

*

Schnupfen

Drücken Sie beidseitig die Mittelfingerkuppen auf die Augenbrauen – und zwar der Gesichtsmitte zu – und massieren Sie hin und her. Setzen Sie die Daumenkuppen dann in die Falten am hinteren Ende der Nasenflügel, und lassen Sie sie leicht vibrieren.

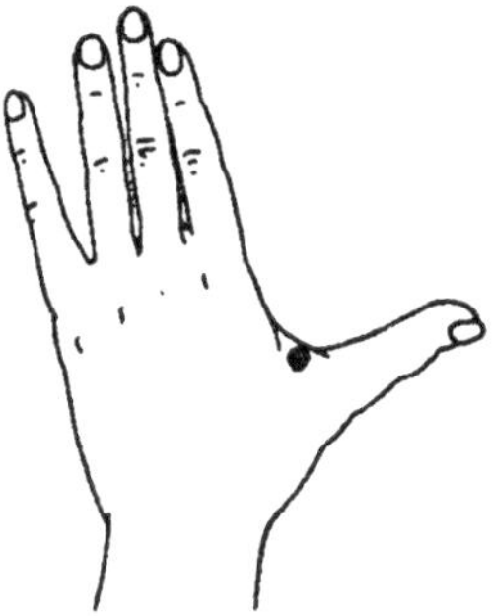

Nach kurzer Pause reiben Sie mit Daumen und Zeigefinger die Nasenwurzel. Drücken Sie den Zeigefinger der rechten Hand auf das Brustbein, genau zwischen den beiden Anschlußstellen der vierten Rippen. Falls Sie husten müssen, ist das ein gutes Zeichen.

Legen Sie den Daumen der einen Hand auf den Handrücken der anderen genau in die Falte zwischen Daumen und Zeigefinger. Führen Sie hier kreisende, vibrierende Bewegungen aus.

*

Schultergelenkrheumatismus

Pressen Sie mehrere Finger fest gegen den Unterarm zwischen Ellenbogen und Hand, und zwar genau in der Mitte. Das muß schmerzen. Nun drücken Sie auf die vorderen Spitzen der Schultern.

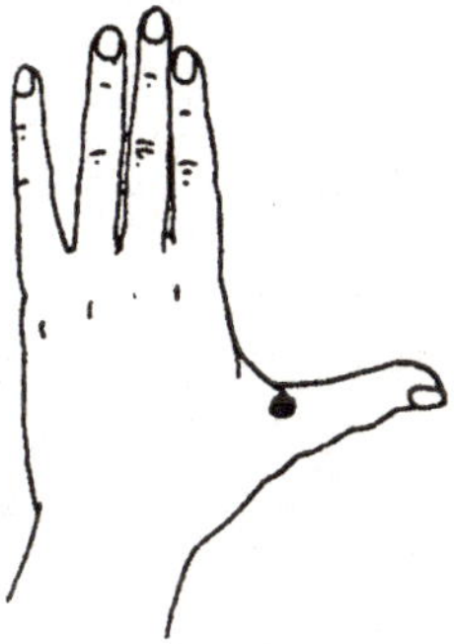

Danach vibrieren Sie einen Finger gegen die vorderste Spitze des Schlüsselbeins und massieren abschließend den Mittelpunkt des äußeren Oberarms. Ein Ersatzpunkt liegt zwischen Daumen und Mittelhandknochen, unterhalb der Falte zwischen Daumen und Zeigefinger.

*

Trigeminusneuralgie

Drücken Sie mit dem Zeigefinger den verhärteten Wulst oberhalb des Ohrläppchens, und pressen Sie ihn dann zwischen Ohrläppchen und Zeigefinger. Dann klopfen Sie 10 bis 20 Sekunden leicht auf die Stirnecken beim Haaransatz.

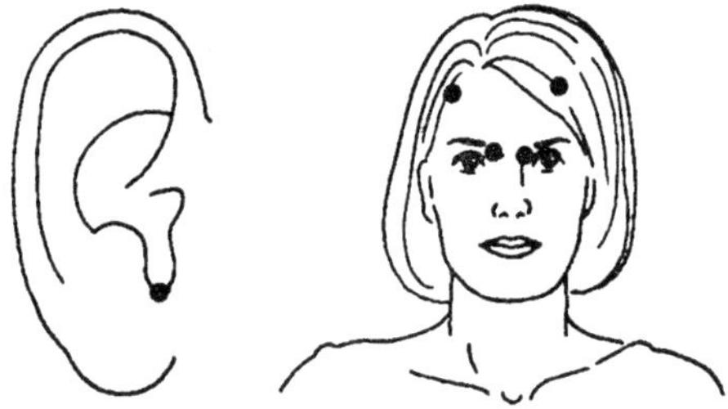

Wenn das nicht hilft, versuchen Sie es beim Ersatzpunkt: Klopfen Sie mit den Zeigefingern an das innere Ende der Augenbrauen, ebenfalls 20 Sekunden.

*

Wadenkrampf

Behandeln Sie nicht nur die verkrampfte Wade, sondern beide Beine. Pressen Sie die Daumen vom unteren Gesäßrand in der Mitte der Oberschenkel bis zu den Kniekehlen herunter.

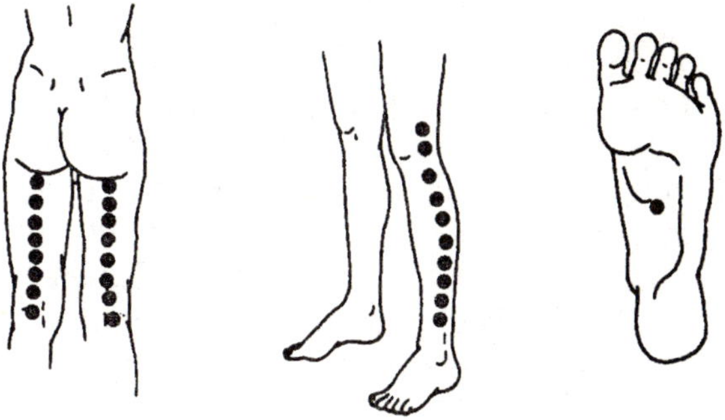

Dann drücken Sie mit den Zeigefingern an der Außenseite der Unterschenkel von den Knien zu den Knöcheln und mit den Daumen energisch gegen die Mitte der Fußsohlen.

*

Zahnschmerzen

Drücken Sie mit dem Daumennagel auf den Zeigefinger rechts außen neben dem Fingernagel. Das tut weh, aber dafür verschwindet der Schmerz im Zahn.

Weitere Zahnschmerzpunkte: Legen Sie die Daumen fest zu beiden Seiten der Mittellinie an die Schädeldecke. Drücken Sie den Mittelfinger genau vor dem Ohrläppchen in die Haut.

Pressen Sie den Zeigefinger am Oberschenkel vor der Hüfte fest ins Fleisch, und massieren Sie danach die Daumenseite über dem Handgelenk. Schließlich können Sie auch am unteren Drittel des Beines und hinter dem äußeren Fußknöchel fest mit Daumen- und Zeigefingerkuppen massieren.

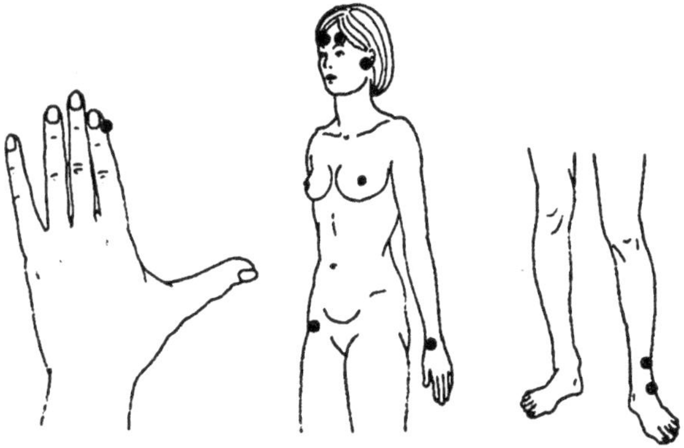

Die Axt im Haus ...

Die besten Tips für Ihre Hausapotheke

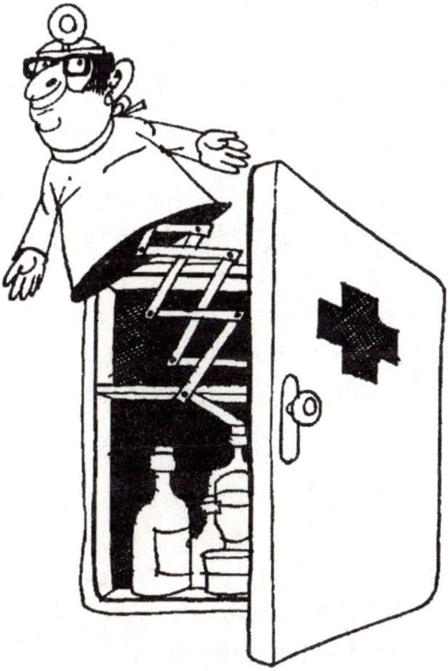

Apothekenschrank

Eine kleine Hausapotheke darf in keinem Haushalt fehlen. Am besten eignet sich ein Hängewandschrank aus Kunststoff.

Bad und WC sind zwar beliebte, aber vollkommen falsche Aufbewahrungsorte für die Hausmedikamente. Feuchtigkeit schadet den Arzneien. Die Hausapotheke soll in einem trockenen, sauberen Raum untergebracht sein.

Zur besseren Übersichtlichkeit ist ein Wandkästchen einer Schublade vorzuziehen.

Dieses Wandkästchen sollte immer abschließbar sein, da vor allem Kinder neugierig sind und gefährdet sein können.

*

Ausstattung

Die Ausstattung der Hausapotheke richtet sich stets nach der Anzahl der Familienmitglieder. Die folgenden Angaben legen eine dreiköpfige Familie zugrunde.

- 3 Mal $^{1}/_{4}$ Meter entkeimten Verbandmull als Wundauflage,
- je 3 festkantige Mullbinden in 4, 6 und 8 Zentimeter Breite zum Festbinden der Wundauflage,
- eine 8 bis 10 Zentimeter breite elastische Binde,
- 2 Momentverbände,
- entkeimte Verbandpäckchen in den Größen 2, 3 und 4,
- 1 Päckchen Zellstoffkompressen zum Aufsaugen stärkerer Blutungen,
- 1 Rolle 2 Zentimeter breite Heftpflaster,
- einen 6 Zentimeter breiten Wundschnellverband,
- 1 Packung Schnellverband,
- 50 Gramm Verbandwatte,
- 1 Dreiecktuch auch als Knebelverband bei Schlagaderblutungen verwendbar,
- Verbandklammern,
- 2 imprägnierte und sterile Brandbinden,
- 1 Schere,
- 1 Fieberthermometer,
- 1 Pinzette,

- eine birnenförmige Gummispritze für Klistiere und Spülungen.

*

Arzneimittel

- ein Abführmittel,
- Beruhigungsmittel wie etwa Baldriantropfen,
- ein Kamillenpräparat für Magenschmerzen,
- schmerzstillende Mittel,
- Tabletten gegen Durchfall,
- Wundbenzin zum Reinigen der Pflasterreste,
- dreiprozentiges Wasserstoffsuperoxyd für die direkte Wundversorgung,
- ein Wunddesinfektionsmittel, am besten siebzigprozentiger Alkohol,
- eine schmerzstillende Salbe,
- ein antiseptisches Wundpulver für flächenhafte, nässende, aber nicht zu stark blutende Wunden.

*

Tees

- Abführtee,
- Bittertee gegen Magenverstimmungen,
- Blasentee,

- Blutreinigungstee,
- Brusttee,
- Eibischtee gegen Husten,
- Eichenrindentee,
- Gallentee,
- Hagebuttentee,
- Kamillentee gegen Magenbeschwerden,
- Käsepappeltee gegen Magenerkrankungen,
- Lindenblütentee gegen Erkältungen,
- Melissentee,
- Nerventee,
- Pfefferminztee gegen Verdauungsstörungen,
- Salbeitee gegen Entzündungen in Mund und Hals,
- St. Germain-Tee gegen Blähungen und Verstopfung,
- Zinnkrauttee gegen Husten.

*

... und noch ein paar Tips

Vor Gebrauch der Medikamente immer genau die Anweisung auf der Packung lesen.

Nehmen Sie niemals etwas im Dunkeln aus der Hausapotheke, die Verwechslungsgefahr ist enorm.

Lassen Sie Arzneien und Tees immer in der Originalverpackung. Niemals in andere Gefäße umfüllen.

Kontrollieren Sie regelmäßig Ihre Hausapotheke. Medikamente und auch Kräuter haben ein Ablaufdatum.

Verdorbene Medikamente nicht einfach wegwerfen, sondern in den Sondermüll geben.

*

Außerdem ...

Anstatt eines Eisbeutels können Sie auch einen feuchten Waschlappen nehmen, mit Salz bestreuen und vor Gebrauch kurz ins Gefrierfach legen. Das hat den Vorteil, daß er leichter ist und man ihn besser an die schmerzende Stelle anpassen kann.

Pflaster lassen sich ohne Schmerzen entfernen, wenn man ein kleines Tuch mit Babyöl tränkt und damit über das Pflaster streicht.

Tabletten und Kapseln rutschen besser, wenn man sie mit einem Stückchen Banane schluckt.

Sachregister

A

C

D

E

F

G

H

N

O

P

Q

R

S

T

U